《不动产登记暂行条例》释疑

王峰　著

李显冬　审定

中国政法大学出版社

2015·北京

图书在版编目（Ｃ Ｉ Ｐ）数据

《不动产登记暂行条例》释疑/王峰著.—北京：中国政法大学出版社，
2015.1

　ISBN 978-7-5620-5879-3

　Ⅰ.①不…　Ⅱ.①王…　Ⅲ.①不动产－登记制度－条例－法律解释－
中国－指南　Ⅳ.①D923.25-62

　中国版本图书馆CIP数据核字 (2015) 第019044号

出 版 者	中国政法大学出版社
地　　址	北京市海淀区西土城路 25 号
邮寄地址	北京 100088 信箱 8034 分箱　邮编 100088
网　　址	http://www.cuplpress.com（网络实名：中国政法大学出版社）
电　　话	010-58908285（总编室）　58908334（邮购部）
承　　印	固安华明印业有限公司
开　　本	880mm×1230mm　1/32
印　　张	6.5
字　　数	170 千字
版　　次	2015 年 1 月第 1 版
印　　次	2015 年 1 月第 1 次印刷
定　　价	22.00 元

序

　　显冬师从我三十余年，一直在民商法领域耕耘，在物权、矿业权方面成果丰硕，一直密切关注着理论和实践中的前沿问题，尤其是多次受国土资源部的委托开展课题研究，为实务部门解决了不少理论难题。

　　王峰律师是显冬现在指导的博士后，先做老师，后在国土资源等政府部门工作，现在是大成所的合伙人。他既有一定的理论功底，又有较为丰富的实务经验。不动产登记条例的立法举国关注，师徒二人也长期跟踪，积极参与研讨，最终促成了本书的面世。

　　《不动产登记暂行条例》（以下简称《暂行条例》）的出台是2014年重大的法治事件之一。不动产统一登记是我国物权领域的重大的制度变革。不动产统一登记不但关乎每一个寻常百姓的切身利益，而且民众在抑制房价、改革税制、惩治腐败等方面对其还寄予厚望。多年以来，我一直在为权利而呐喊。但我们有哪些权利呢？我们怎么来确认这些权利呢？这是我们首当其冲要解决的问题，也是必须要明确的问题。

　　不动产登记就是对不动产物权的一种确认。虽然不动产的权利人有国家、集体，但不动产登记的更重大的意义在于对私人不动产权利的确认。通过确认，就会给公权力划定一个边界。只要没有法律的授权，只要不符合法定的程序，公权力就不能对私人的不动产进行戕害。这次《暂行条例》的亮点就在于"统一"。条例要求建立全国统一的不动产登记信息管理基础平台，确保国家、省、市、县四级登记信息的实时共享。这种设计一定意义上而言是具有颠覆性的，是对以往不动产登记格局的革命性变革，它必将对破除部门利益、地方利益产生巨大的影响。

在写作上，王峰的这本书既旁征博引，参考各家观点，具有一定的理论深度，又尽量将法言法语生活化，做到通俗易懂、贴近百姓，尽量让大众能够容易理解、看得明白。对问题的解读也没有长篇大论，而是尽量短小精悍，只要讲明白即可。书中没有过多地引用两大法系的不动产登记理论及外国的立法例，而是更多地告诉百姓现在该怎么办，需要哪些材料，要走哪些流程，以增加本书的实用性。

党的十八届四中全会将依法治国作为主题，首个国家宪法日刚刚过去，国家要建设法治政府。这些都需要依靠全民的法治观念的提升。但是，值得我们反思的是，改革开放三十多年了，普法也普了那么多年了，为什么法治的观念还没有完全深入人心呢？我们应当让我们的法律从庙堂之上走向民间，法律是法学家的法，更是大众的法。学者们在研究理论、阐释学问的同时，也要让自己的著作更多地接地气，更多地贴近普通百姓，让我们的法学著作既有阳春白雪，又有下里巴人。这样，就可以让人们都了解法律、熟悉法律、敬畏法律、遵守法律，才能普遍地提高全民的法治意识，最终建设出法治国家。

希望王峰律师的这本书能够帮助百姓了解我国的不动产登记制度，能够调动人民完善统一不动产登记的积极性，为不动产登记领域的继续深化改革做出贡献。

是为序。

2014 年 12 月 25 日

目　录

序 ·· I

第一章　总　则 ··· 1

1. 不动产包括哪些东西? ··· 1

2. 要不动产登记有什么用? ······································ 2

3. 为什么我国现在要搞不动产统一登记? ···················· 4

4. 哪些权利可以进行不动产登记? ···························· 9

5. 哪些权利不能进行不动产登记? ··························· 11

6. 《暂行条例》规定哪些权利可以办理登记? ·············· 12

7. 不动产登记有何实际作用? ································· 13

8. 不动产登记应遵循哪些原则? ······························ 14

9. 统一不动产登记的管理和办理机构是谁? ················· 17

10. 跨行政区域的不动产怎样办理登记? ····················· 19

11. 国务院确定的重点国有林区的森林、林木和林地,国务院批准项目
    用海、用岛,中央国家机关使用的国有土地如何进行登记? ········ 20

第二章　不动产登记簿 ·· 21

12. 什么是不动产登记簿? ······································ 21

13. 不动产登记簿有哪些特征? ································· 21

14. 不动产登记簿登记的事项与权利证书或证明相左时以谁为准? ····· 23

15. 为什么我国应当建立房地合一的统一不动产登记簿? ········ 24

16. 什么是不动产单元? ·· 25

17. 被记载于登记簿上的不动产应符合什么要求? ………… 26

18. 我国不动产单元现状如何? ……………………… 26

19. 什么是宗地? …………………………………… 27

20. 什么是宗海? …………………………………… 28

21. 不动产登记簿应记载哪些内容? ………………… 29

22. 不动产登记簿一定要纸质的吗? ………………… 30

23. 如何保证不动产登记簿的完整性? ……………… 32

24. 为什么说不动产登记官是世界各国包括我国应当普遍采
    取的制度? …………………………………… 33

25. 为什么说建立不动产登记官制度是提高我国不动产登记水平的
    重要环节? …………………………………… 35

26. 不动产登记簿应如何保存? ……………………… 37

27. 何种情况下不动产登记簿可以重建? …………… 38

28. 为什么按件收费应当成为不动产登记收费的一项基本原则? … 39

29. 现行的不动产登记费是何标准? ………………… 40

30. 不动产权属证书工本费如何收取? ……………… 42

31. 交易手续费如何收取? ………………………… 42

32. 不动产测绘费如何收取? ……………………… 43

33. 如何借鉴海外的不动产登记收费经验? ………… 45

34. 为什么不动产权属证书和登记证明应全国统一? … 46

第三章　登记程序 ………………………………… 47

35. 不动产登记的一般程序有哪些? ………………… 47

36. 不动产登记程序应当遵循哪些原则，以确保程序正义? … 48

37. 不动产登记的申请类型有哪些? ………………… 51

38. 哪些人可以代为申请不动产登记? ……………… 53

39. 不动产登记申请是否可以撤回? ………………… 56

40. 不动产登记应提交哪些材料? …………………… 57

41. 自然人应提交哪些身份证明文件? ……………… 58

42. 法人应提交哪些身份证明文件? ⋯⋯⋯⋯⋯⋯⋯⋯⋯ 59

43. 其他组织应提交哪些身份证明文件? ⋯⋯⋯⋯⋯⋯ 60

44. 为什么应当编制全国统一的登记申请书? ⋯⋯⋯⋯ 60

45. 为什么要说明不动产的自然状况? ⋯⋯⋯⋯⋯⋯⋯ 61

46. 应当提交哪些登记原因证明文件? ⋯⋯⋯⋯⋯⋯⋯ 61

47. 为什么要提交与他人利害关系的证明材料? ⋯⋯⋯ 63

48. 什么是不动产登记申请的顺位? ⋯⋯⋯⋯⋯⋯⋯⋯ 63

49. 收到登记申请材料后,不动产登记机构如何分门别类进行
    快速处理? ⋯⋯⋯⋯⋯⋯⋯⋯⋯⋯⋯⋯⋯⋯⋯⋯⋯⋯ 64

50. 不动产登记机构对哪些方面进行查验? ⋯⋯⋯⋯⋯ 65

51. 为什么不动产登记审查采用形式审查、实质审查相结合的原则? ⋯ 66

52. 何种情况下不动产登记机构可以实地查看? ⋯⋯⋯ 69

53. 何种情况下应当不予登记? ⋯⋯⋯⋯⋯⋯⋯⋯⋯⋯ 70

54. 不动产登记机构办理登记的最长期限是几天? ⋯⋯ 72

55. 对登记机构不予受理、不予登记、超期未办结的,是否可以
    提起行政复议或行政诉讼? ⋯⋯⋯⋯⋯⋯⋯⋯⋯⋯ 72

56. 不动产登记有几种类型? ⋯⋯⋯⋯⋯⋯⋯⋯⋯⋯⋯ 74

57. 什么是总登记? ⋯⋯⋯⋯⋯⋯⋯⋯⋯⋯⋯⋯⋯⋯⋯ 74

58. 什么是首次登记? ⋯⋯⋯⋯⋯⋯⋯⋯⋯⋯⋯⋯⋯⋯ 74

59. 总登记与首次登记的联系与区别? ⋯⋯⋯⋯⋯⋯⋯ 75

60. 首次登记有何法律意义? ⋯⋯⋯⋯⋯⋯⋯⋯⋯⋯⋯ 77

61. 什么是集体土地所有权? ⋯⋯⋯⋯⋯⋯⋯⋯⋯⋯⋯ 78

62. 集体土地所有权如何进行首次登记? ⋯⋯⋯⋯⋯⋯ 79

63. 土地承包经营权如何进行首次登记? ⋯⋯⋯⋯⋯⋯ 81

64. 农用地使用权如何进行首次登记? ⋯⋯⋯⋯⋯⋯⋯ 81

65. 国有建设用地使用权如何进行首次登记? ⋯⋯⋯⋯ 82

66. 集体建设用地使用权如何进行首次登记? ⋯⋯⋯⋯ 82

67. 宅基地使用权及村民房屋所有权如何进行首次登记? 83

68. 房屋所有权如何进行首次登记? ⋯⋯⋯⋯⋯⋯⋯⋯ 84

69. 建筑物区分所有共有部分如何进行首次登记? ……………… 85

70. 森林、林木所有权如何进行首次登记? ………………… 87

71. 什么是海域使用权? ………………………………… 90

72. 海域使用权如何进行首次登记? ……………………… 91

73. 什么是地役权? ……………………………………… 92

74. 地役权有哪些特征? ………………………………… 93

75. 如何设立地役权? …………………………………… 93

76. 地役权登记效力如何? ……………………………… 94

77. 怎样设定地役权的期限? …………………………… 94

78. 地役权设立后有何效力? …………………………… 95

79. 地役权首次登记需要哪些材料? ……………………… 95

80. 什么是抵押权? ……………………………………… 96

81. 抵押权有何特征? …………………………………… 96

82. 不动产抵押登记有何效力? ………………………… 97

83. 哪些财产可以抵押? ………………………………… 98

84. 哪些财产不得抵押? ………………………………… 98

85. 抵押权首次登记需要哪些材料? ……………………… 99

86. 什么是最高额抵押? ………………………………… 99

87. 土地、房屋设立最高额抵押首次登记需要哪些材料? …… 99

88. 最高额抵押登记簿如何记载? ……………………… 100

89. 将已经存在的债权纳入最高额抵押权担保的债权范围时如何
办理登记? ………………………………………… 100

90. 在建建筑物如何办理抵押登记? …………………… 101

91. 什么是转移登记? …………………………………… 102

92. 何种情况下可以进行转移登记? …………………… 102

93. 为什么要办理土地承包经营权转移登记? ……………… 103

94. 土地承包经营权转移登记如何办理? ………………… 104

95. 房屋所有权转移登记如何办理? …………………… 104

96. 地役权转移登记如何办理? ………………………… 105

97. 与抵押相关的转移登记如何办理? ……………………… 106

98. 事实取得的不动产处分前如何进行转移登记? ……… 108

99. 何种情况下可以进行变更登记? ……………………… 108

100. 房屋所有权变更登记如何办理? ……………………… 109

101. 最高额抵押变更登记如何办理? ……………………… 109

102. 集体土地所有权变更登记如何办理? ………………… 111

103. 土地承包经营权变更登记如何办理? ………………… 111

104. 森林、林木所有权变更登记如何办理? ……………… 111

105. 什么是抵押权的变更登记? …………………………… 112

106. 什么情况下应当进行抵押权变更登记? ……………… 113

107. 申请抵押权变更登记应当提交哪些材料? …………… 113

108. 地役权变更登记如何办理? …………………………… 113

109. 海域使用权变更登记如何办理? ……………………… 114

110. 用益物权如何续期? …………………………………… 115

111. 什么是注销登记? ……………………………………… 115

112. 何种情况下可以进行注销登记? ……………………… 115

113. 土地注销登记如何办理? ……………………………… 116

114. 房屋注销登记如何办理? ……………………………… 117

115. 填海造地注销登记如何办理? ………………………… 117

116. 何种情况下需要办理地役权注销登记? ……………… 118

117. 注销后权属证书如何收回? …………………………… 118

118. 什么是嘱托登记? ……………………………………… 118

119. 嘱托登记与依申请登记有何区别? …………………… 119

120. 嘱托登记与依职权登记有何区别? …………………… 121

121. 哪些机关有权嘱托不动产登记机构办理登记? ……… 122

122. 嘱托登记有哪些类型? ………………………………… 124

123. 什么是嘱托处分登记? ………………………………… 124

124. 什么是嘱托查封登记? ………………………………… 124

125. 查封登记有何限制? …………………………………… 125

126. 查封登记的期限最长多久? ·············· 127

127. 查封登记有何效力? ·············· 128

128. 查封登记如何办理? ·············· 129

129. 什么是预查封登记? ·············· 130

130. 什么是轮候查封登记? ·············· 131

131. 何种情况下可以嘱托注销登记? ·············· 132

132. 什么是预告登记? ·············· 133

133. 预告登记有何特征? ·············· 134

134. 预告登记有何效力? ·············· 134

135. 何种情况可以申请预告登记? ·············· 134

136. 预告登记如何办理? ·············· 135

137. 预告登记如何自动转换成首次登记? ·············· 136

138. 预告登记如何注销? ·············· 136

139. 什么是更正登记? ·············· 136

140. 更正登记有几种类型? ·············· 137

141. 更正登记有何效力? ·············· 137

142. 如何依申请更正登记? ·············· 138

143. 什么是异议登记? ·············· 139

144. 异议登记有何特点? ·············· 140

145. 异议登记如何办理? ·············· 141

146. 什么是信托登记? ·············· 142

147. 不动产信托有何意义? ·············· 143

148. 不动产信托登记的效力如何? ·············· 143

149. 信托登记如何办理? ·············· 144

第四章 登记信息共享与保护 ·············· 146

150. 什么是不动产登记资料依法公开查询制度? ·············· 146

151. 可以查询哪些不动产登记资料? ·············· 148

152. 谁可以查询不动产登记资料? ·············· 149

153. 如何查询土地登记资料? ⋯⋯⋯⋯⋯⋯⋯⋯⋯ 151

154. 如何查询房屋登记资料? ⋯⋯⋯⋯⋯⋯⋯⋯⋯ 152

155. 查询人有何保密义务? ⋯⋯⋯⋯⋯⋯⋯⋯⋯⋯ 153

156. 为什么要建设全国不动产登记信息管理基础平台? ⋯⋯⋯ 154

157. 为什么要推动不动产登记信息不同部门之间的实时互联共享? ⋯ 156

158. 如何促进不动产登记资料的信息化? ⋯⋯⋯⋯⋯ 157

第五章　法律责任 ⋯⋯⋯⋯⋯⋯⋯⋯⋯⋯⋯⋯ 158

159. 登记错误如何承担赔偿责任? ⋯⋯⋯⋯⋯⋯⋯ 158

160. 擅自毁损、伪造不动产登记簿、虚假登记等滥用职权、玩忽
职守行为应当承担什么法律责任? ⋯⋯⋯⋯⋯⋯ 162

161. 伪造、变造、买卖及使用伪造、变造不动产权属证书、证明,
应当承担什么法律责任? ⋯⋯⋯⋯⋯⋯⋯⋯⋯ 163

162. 泄露不动产登记资料或信息,应当承担什么法律责任? ⋯⋯⋯ 164

第六章　附　则 ⋯⋯⋯⋯⋯⋯⋯⋯⋯⋯⋯⋯⋯ 166

163. 《暂行条例》实施前后如何衔接? ⋯⋯⋯⋯⋯⋯ 166

164. 在过渡期内如何开展不动产登记? ⋯⋯⋯⋯⋯⋯ 167

165. 探矿权、采矿权、取水权、国有自然资源所有权如何办理
登记? ⋯⋯⋯⋯⋯⋯⋯⋯⋯⋯⋯⋯⋯⋯⋯ 167

166. 为什么要尽快制定《实施细则》,如何推动相关法律法
规的"立、改、废"工作? ⋯⋯⋯⋯⋯⋯⋯⋯ 168

附　录 ⋯⋯⋯⋯⋯⋯⋯⋯⋯⋯⋯⋯⋯⋯⋯⋯ 171

参考书目 ⋯⋯⋯⋯⋯⋯⋯⋯⋯⋯⋯⋯⋯⋯⋯ 179

跋 ⋯⋯⋯⋯⋯⋯⋯⋯⋯⋯⋯⋯⋯⋯⋯⋯⋯ 188

第一章　总　则

1. 不动产包括哪些东西？

动产与不动产是民法中对物的一种划分，这种划分是以物是否能够移动并且是否因移动而损坏其价值作为划分标准的。不动产（real estate or real property）是指位置不能移动或者移动位置后会引起性质、形状改变或降低其价值的财产。[1]

平常我们所谓的动产是指能够移动而不损害其价值或用途的物，例如汽车、家具、电脑、手机等，而所谓不动产是指不能移动或者若移动则损害其价值或用途的物，例如土地、房屋等。

不动产是一个国家或地区的重要资源，是人类赖以生存和发展的物质基础。[2]《担保法》第92条规定："不动产是指土地以及房屋、林木等地上定着物。"我国《不动产登记暂行条例》所指的不动产其实是一个广义的法律概念，其既包括土地、房屋，还包括森林、林木、草原、滩涂、集体土地所有权、土地承包经营权、建设用地使用权、海域使用权、地役权、抵押权等。[3]

---

〔1〕　金俭等：《中国不动产物权》，法律出版社2008年版，第3页。

〔2〕　谭峻：《建筑物区分所有权与不动产登记制度研究》，知识产权出版社2012年版，第194页。

〔3〕　参见《不动产登记暂行条例》第5条。

2. 要不动产登记有什么用?

一、我国不动产登记的历史

早在西周就有关于不动产登记的文献记载。《周礼·秋官·司盟》记载:"司盟掌盟载之法。凡邦国有疑,会同,则掌其盟约之载,及其礼仪。北面诏明神,既盟,则贰之。盟万民之犯命者。诅其不信者,亦如之。凡民之有约剂者,其贰在司盟。有狱讼者,则使之盟诅。凡盟诅,各以其地域之众庶,共其牲而致焉。既盟,则为司盟共祈酒脯。"《周礼·春官·大史》记载:"大史掌建邦之六典,以逆邦国之治……凡邦国都鄙及万民之有约剂者藏焉,以贰六官,六官之所登,若约剂乱,则辟法,不信者刑之。"可见司盟负责管理官员,大史负责管理这些登记文件。

我国土地登记的历史可以回溯到奴隶社会,自周朝开始就形成了土地管理制度,历史上有名的井田制即为明证。在唐代,土地制度实行的是均田制,为了证明百姓土地买卖的合法性采用了"文碟制度"。宋朝的时候,对后世有较大影响的"鱼鳞册"制度就产生了。清末民初,西学东渐,由于大量西方法律制度的引进,一系列现代法制的概念和理论随之引入中国,不动产登记制度作为现代民法的内容之一,也在中国扎根发芽。[1]

统一的物权登记制度是近代社会才产生的,它是随着经济的发展,国家对私有财产权的尊重程度的提高而发展起来的一种法律制度。1922 年民国政府就颁布了《不动产登记条例》。[2] 1930 年颁布

---

[1] 马欣、庞佑林、瞿巍:"中国土地登记制度变迁与演化",载《中国国土资源经济》2009 年第 12 期。

[2] 李昊、常鹏翱、叶金强、高润恒:《不动产登记程序的制度建构》,北京大学出版社 2005 年版,第 393 页。

了《土地法》，规定要对土地及土地上的定着物、建筑物进行登记。1946年又颁布了《土地登记规则》，建立土地登记的程序制度。[1] 1947年9月，中国共产党在河北省石家庄市西柏坡村举行全国土地会议，通过了《中国土地法大纲》，于同年10月10日由中共中央公布。新中国成立后，1950年颁布了《中华人民共和国土地改革法》。改革开放以后，国家又制定了《土地管理法》、《城市房地产管理法》、《农村土地承包法》、《海域使用管理法》、《物权法》、《房屋登记办法》、《土地登记办法》等法律法规规章。新中国的不动产登记逐渐步入法治的轨道。

二、不动产登记的基本法律特性

（一）不动产登记的实施主体是国家机关

不动产登记是由公共机构实施的一种登记。在大多数国家，不动产登记均由国家设立的行政机关或者法院下属的机构进行。

（二）不动产登记的对象是特定的物权

不动产物权是法律调整财产关系的产物，是人们对于特定的物所享有的直接支配的权利，并排除他人非法干涉。这种利益受法律保护，经过法律的调整形成一定的权利，并通过登记对权利予以确认。

（三）不动产登记的直接目的就是对物权予以保护以维护交易安全[2]

不动产登记即国家登记机关在不动产登记簿上记载不动产物权的权利状况及其变动情况，并赋予其权利推定力和公信力，从而实现物权公示的效果，保障权利人及善意第三人的合法权益。[3]

《物权法》第9条规定：“不动产物权的设立、变更、转让和消灭，

〔1〕 马欣、庞佑林、瞿巍：“中国土地登记制度变迁与演化”，载《中国国土资源经济》2009年第12期。

〔2〕 谭峻：《建筑物区分所有权与不动产登记制度研究》，知识产权出版社2012年版，第14～15页。

〔3〕 向明：《不动产登记制度研究》，华中师范大学出版社2011年版，第1页。

经依法登记，发生效力；未经登记，不发生效力，除非法律另有规定。"

譬如，老百姓买房，只签了房屋买卖合同，即使已经住到房屋里，在法律上还没有取得所有权。只有过户登记以后，起码也得搞了网签（法律上叫预登记），你才是真真切切的房屋所有人。

不动产登记在法律原理上被称为"物权公示"，即将民事主体的不动产物权记载于国家设立的不动产登记簿上，借助于不动产登记的公开性，使得这种权利获得法律的承认和保护。如果遇到不动产权属争议，我们就可以很方便地按不动产登记簿的记载来确定权利和保护权利。虽然我国当前建立的不动产登记将由行政管理机关进行，但是这种登记应该属于民法上的物权公示性质，[1] 而并非单纯的行政管理的性质。

不动产登记一般申请在先，而后由国家有权部门来进行登记，通过登记进行物权的法律确认。故而不动产登记无非是指经权利人申请，国家有关登记部门将有关申请人的不动产物权的事项记载于不动产登记簿的一种法律事实。[2] 不动产登记最终是一种行为，即权利人申请后，不动产登记机构依法进行登记的行为。可见不动产登记制度中不仅有平等主体的私权关系，而且有纵向的行政法律关系，其中贯穿着个人目标和国家目标之双重价值。[3]

3. 为什么我国现在要搞不动产统一登记？

一、过去的不动产登记"九龙治水、各搞一套"

在实施统一登记之前，我国的不动产登记是由多个行政部门来予以

---

〔1〕 孙宪忠主编：《不动产登记条例草案建议稿》，中国社会科学出版社 2014 年版，序第 3 页。

〔2〕 吴谦编著：《中华人民共和国物权法注释全书》，法律出版社 2012 年版，第 17 页。

〔3〕 王洪亮："不动产登记立法研究"，载《法律科学》2000 年第 2 期。

多头管理的。国土资源部门负责登记土地，住房和建设部门负责登记房屋，林业部门负责登记森林和林木，海洋管理部门负责登记海域使用权等用海权益，等等。不动产登记领域维持着"九龙治水"的局面。往往在同一块土地上会出现你登记土地，我登记房屋，他登记道路的现象。当然还有其他的部门来负责森林、水面、探矿权、采矿权等的登记。

这些登记都具有法律效力，但各个权利的界限却有些含糊不清。各个不动产登记簿最终没有确定各项不动产权利，相反，却造成各个不动产登记簿之间产生了权利冲突。比如，房地产开发企业为了融资向银行贷款，银行要求用其不动产进行抵押。按照不动产统一登记之前的制度安排，如果房地产工程还没有建造地上建筑物，这时可以用土地抵押，应当到国土资源管理部门办理登记。随着工程的进度，地面上盖起了楼房，这时该房地产企业如需要再次融资，那么抵押权应当到住房和建设部门办理登记。这两个抵押权人在实现抵押权时势必会发生冲突。这种登记乱象应当通过不动产统一登记来一并解决。

我国的不动产登记存在十个方面的"不统一"，分别是法律概念不统一、不动产登记类型不统一、不动产登记程序不统一、不动产权属证书不统一、不动产登记簿不统一、当事人需提交的材料不统一、登记机关审查方式不统一、登记错误赔偿不统一、不动产登记收费不统一、不动产登记查询程序不统一。[1] 诸多不统一和分散登记直接导致资源与资产利用效率和社会管理效益低下，交易活动不安全，公民和社会组织行使物权权利不方便等问题。先前，各个不动产管理部门都在办理不动产登记，各自配备了一整套专门的人员、机构、场所以及设施设备等。国家不仅为此多支付人力物力成本，而且由于各部门之间的职能交叉，容易导致争权夺利或者推诿扯皮，

---

〔1〕刘燕萍、张富刚、肖攀、于丽娜："我国不动产登记立法与实践研究"，载中国土地矿产法律事务中心：《国土资源政策法律研究成果选编》（2013～2014），中国法制出版社2015年版，第1～6页。

降低行政办事效率。[1]

二、全国不动产统一登记有极其重要的意义

（一）实现登记机构、登记簿册、登记依据和信息平台"四统一"[2]

统一登记可以改变过去多头管理的现状，实现"一个窗口"对外。有学者指出不动产统一登记可以解决、清理"多部门"、"多级别"的现行不动产登记制度造成的法理混乱和实践危害，实现统一不动产立法、统一不动产登记效力、统一不动产登记机关、统一不动产登记程序、统一不动产登记法律文书的"五统一"。[3]

整合不动产登记职责、建立不动产统一登记制度，是国务院机构改革和职能转变方案的重要内容，也是完善社会主义市场经济体制、建设现代市场体系的必然要求，对于保护不动产权利人合法财产权、提高政府治理效率和水平，尤其是方便企业、方便群众，具有重要意义。根据《物权法》第10条的规定，不动产实行统一登记，并授权行政法规对统一登记的范围、登记机构和登记办法作出规定。制定出台条例，通过立法规范登记行为、明确登记程序、界定查询权限，整合土地、房屋、林地、草原、海域等登记职责，实现不动产登记机构、登记簿册、登记依据和信息平台"四统一"。[4]

（二）明确权利归属、稳定物权关系

要保护权利，首当其冲的前提就是要明确权利归属，知道自己

---

〔1〕 范辉："分散登记容易导致争权夺利"，载《北京青年报》2014年12月23日B2版。

〔2〕 郄建荣："不动产登记暂行条例发布，明年3月1日起实施，实行依申请登记共同申请原则"，载《法制日报》2014年12月23日第1版。

〔3〕 孙宪忠主编：《不动产登记条例草案建议稿》，中国社会科学出版社2014年版，序第2页。

〔4〕 "法制办、国土资源部负责人就《不动产登记暂行条例》答记者问"，载新华网 http://www.gov.cn/xinwen/2014-12/22/content_ 2795029. htm，访问时间：2014年12月22日。

有哪些权利。不动产统一登记对健全归属清晰、责权明确、保护严格、流转顺畅的现代产权制度具有重大意义。[1]注重稳定连续的物权法律关系、保护合法权利，明确已经发放的权属证书继续有效，已经依法享有的不动产权利不因登记机构和程序的改变而受到影响。

（三）提供课税依据，推动房地产税的立法

不动产登记作为对不动产财产权的记载，具有确认权利人物权、保护交易安全的功能，同时它也是确定国家权利团体对不动产课税的基础。[2]虽然房地产税的征收还处在政策试点阶段，但从长远而言，征收房地产税是大势所趋。虽然不动产统一登记最直接的目的并非剑指房产税与房价，但是统一的不动产登记可以为房产税的立法及实施提供科学的数据支撑，会给包括税收等政府职能部门依法行政提供方便和条件，使未来房产税的相关法律起到更好地规范社会生活的目的。随着不动产登记制度的建立，房产税推出的步伐也会加快，房地产市场和房价将因此受到重大影响。[3]不动产统一登记的深远影响将逐步呈现出来。

（四）整合登记职责，严格行政管理

明确一个部门负责登记，并对机构设置、簿册管理、基本程序、信息共享与保护提出统一要求。建立不动产统一登记制度，理顺部门关系，整合登记职责，可以大大减少政府行政成本，提高办事效率。重点规范登记行为，强化政府责任，提高登记质量，增强不动产登记的严肃性、权威性和公信力。[4]

---

〔1〕 高云才、张洋：《不动产登记暂行条例》颁布，于明年3月1日起实施，物权稳定、便民利民"，载《人民日报》2014年12月23日第2版。

〔2〕 王轶：《物权变动论》，中国人民大学出版社2001年版，第154页。

〔3〕 樊大彧："不动产登记是否能让房价遭殃"，载《北京青年报》2014年12月23日A2版。

〔4〕 参见国务院法制办公室《关于〈不动产登记暂行条例（征求意见稿）〉的说明》，载国务院法制办公室网站 http://www.chinalaw.gov.cn/article/cazjgg/201408/20140800396756.shtml，访问时间：2014年11月27日。

（五）方便群众，降低登记成本

分散登记时，在农村，当事人仅就其财产就要到四个不同的部门办理不同的证件：住房要到建设部门办理《房屋所有权证》，宅基地要到国土资源部门办理《集体土地使用证》，承包的土地要到农业部门办理《农村土地承包经营权证》，栽种的树木要到林业部门办理《林权证》。在城市，当事人就房产最少要办理两个证：到建设部门办理《房屋所有权证》，到国土资源部门办理《国有土地使用证》。各种证书满天飞，不仅增加了人民群众办证的不便，而且增加了登记的时间、资金成本。[1]

统一登记逐步实现一个窗口对外，免去了当事人在各个部门之间的奔走。建立基础信息平台，各有关部门之间实现资源共享，简化了登记程序，避免了重复提交登记材料，减少了群众负担，为当事人登记切实节省了经济成本和时间成本。

（六）运用不动产登记的大数据，有效预防腐败

不动产统一登记之后，会逐步实现全国不动产登记系统的互联互通，虽然没有明确可以"以房查人"，不动产统一登记主要目的也不是为了反腐败，但是对相关机查处贪腐行为客观上会带来一定的便利。不动产统一登记建立的数据系统可以为反腐败提供发现功能，相关信息共享机制可以提高反腐败的效率。不动产统一登记制度本身会形成一种倒逼效应，让官员财产情况纳入到这个平台之下。不动产登记本身也会通过发挥制度的强制约束作用，来助推官员财产登记的进一步实现。这样一个"确权"平台，无疑是深入推进反腐败的重要前提。不动产登记制度对于反腐败来说，既可以发挥配套辅助制度的作用，成为构筑制度反腐笼子的重要支撑；也可以作

---

[1] 蔡卫华："准确认识不动产统一登记目的，加快建设不动产统一登记制度"，载中国土地矿产法律事务中心：《国土资源政策法律研究成果选编》（2013～2014），中国法制出版社2015年版，第73页。

为反腐的辅助工具，发挥新的反腐利器作用。[1]

当然，由于不动产物权的私权属性，不动产统一登记属于财产立法。不动产登记的相关信息原则上是应当为权利人保密的，就像银行应当为储户保密一样。不动产登记客观上会对惩治和查处贪腐有一定的助力之功，对"房叔"、"房姐"、"房哥"们是一种有力的制度限制，但也不应该盲目夸大。真正的肃贪还是要建立不敢腐、不能腐、不想腐的体系，诸如建立公职人员的财产申报制度等等。另外，既要对不动产全面登记，又要求所有查询必须依法进行，保护个人合法财产信息，这是同时坚持依法反腐和依法保护公民个人权利的重要示范。历史证明，两个领域的任何一个陷落，都是灾难性的。[2]

4. 哪些权利可以进行不动产登记？

一、不动产的所有权

不动产所有权包括三类：一是，自然资源的国家所有权，如土地的国家所有权、海域的国家所有权、水流的国家所有权、矿藏的国家所有权；二是，自然资源的集体所有权，如集体土地所有权，法律规定属于集体的森林、山岭、草原、荒地、滩涂等自然资源上的集体所有权，如自留山所有权；三是，建筑物与其他土地附着物的所有权。

《物权法》第9条第2款规定："依法属于国家所有的自然资源，所有权可以不登记。"《物权法》规定属于国家所有的财产属于国家所有即全民所有。现行相关法律规定，矿藏、水流、海域属于国家

---

[1] 单士兵："不动产登记如何承载反腐期待"，载《人民日报》2014年12月23日第5版。

[2] "不动产登记或成房叔房姐永久坟场"，载《环球时报》2014年12月23日第15版。

所有；城市的土地属于国家所有。法律规定属于国家所有的农村和城市郊区的土地属于国家所有。森林、山岭、草原、荒地、滩涂等自然资源属于国家所有。

这里要明确以下两点：其一，规定不动产物权登记生效，是物权公示原则的体现，法律明确规定哪些自然资源属于国家所有，比权利记载于登记机构的不动产登记簿上有着更强的公示力，也就无须再通过不动产登记来达到生效的法律效果；其二，不动产物权登记生效，针对的主要是当事人通过法律行为进行物权变动的情况。《物权法》规定的国家依照法律规定对自然资源享有所有权，不属于因法律行为而产生物权变动的情况，因此就无须进行登记来享有所有权。当然，《物权法》只是规定依法属于国家所有的自然资源所有权可以不登记，至于在国家所有的土地、森林、海域等自然资源上设立用益物权、担保物权，则需要依法登记生效。[1]

二、不动产的他物权

不动产上的他物权包括建设用地使用权、土地承包经营权、宅基地使用权、集体土地上其他类型的建设用地使用权、养殖权、捕捞权、取水权、海域使用权、探矿权、采矿权等。

三、不动产物权上的物权

在我国现行法上，不动产物权上的物权有：建设用地使用权上的抵押权；建筑物和其他土地附着物上的抵押权；以招标、拍卖、公开协商等方式取得的荒地等土地承包经营权上设立的抵押权；因乡镇、村企业的厂房等建筑物被抵押而在该建筑物占用范围内的建筑用地使用权上成立的抵押权；建设用地使用权、宅基地使用权以及土地承包经营权上设立的地役权等。

---

〔1〕 胡康生主编：《中华人民共和国物权法释义》，法律出版社2007年版，第42页。

5. 哪些权利不能进行不动产登记?

一、凡是法律没有明文规定为物权的均不具有登记能力

我国《物权法》第 5 条规定:"物权的种类和内容,由法律规定。"由此确立了"物权法定原则",即能设立哪些种类的物权,各种物权有哪些基本内容,只能由法律规定,当事人之间不能创立。例如已经废止的《城市房屋权属登记管理办法》第 19 条规定:"设定房屋抵押权、典权等他项权利的,权利人应当自事实发生之日起 30 日内申请他项权利登记。"但是由于《物权法》没有承认典权,所以即便当事人自行设立典权,登记机构也不能办理典权登记。

二、债权不能进行不动产登记

与物权的绝对权相对应,债权属于相对权,没有公示的必要。因此,不动产上的债权不具有登记能力。例如,租赁国有土地的权利(国有土地上的租赁权)只是一种债权,不应将其与土地使用权上成立的抵押权等同。即便该种租赁权需要登记,也仅仅是出于管理的目的进行的债权登记,不属于不动产物权登记。

三、法律规定有处分限制的权利不能进行不动产登记

(一)法律的绝对处分限制

即依法对任何人都具有效力的绝对性处分限制。《物权法》第 41 条规定:"法律规定专属于国家所有的不动产和动产,任何单位和个人不能取得所有权。"《物权法》第 184 条规定:"下列财产不得抵押:①土地所有权;②耕地、宅基地、自留地、自留山等集体所有的土地使用权,但法律规定可以抵押的除外;③学校、幼儿园、医院等以公益为目的的事业单位、社会团体的教育设施、医疗卫生

设施和其他社会公益设施；④所有权、使用权不明或者有争议的财产；⑤依法被查封、扣押、监管的财产；⑥法律、行政法规规定不得抵押的其他财产。"该条是关于禁止抵押的规定。这些规定对任何人都具有绝对的效力，因此不能进行登记，它们也不具有登记能力。

（二）法律行为方式的处分限制

这种限制往往基于当事人的约定，不具有物权性效力，也不具有登记能力。

（三）依据法律的强制性规定而产生的法律关系或负担无须登记

法学理论中称之为法定的负担和法定物权，不具有登记能力。《物权法》第84条规定："不动产的相邻权利人应当按照有利生产、方便生活、团结互助、公平合理的原则，正确处理相邻关系。"这种相邻关系就是不动产上因法律的强制性规定而产生的负担，就无须办理登记。[1]

6. 《暂行条例》规定哪些权利可以办理登记？

《暂行条例》第5条规定："下列不动产权利，依照本条例的规定办理登记：①集体土地所有权；②房屋等建筑物、构筑物所有权；③森林、林木所有权；④耕地、林地、草地等土地承包经营权；⑤建设用地使用权；⑥宅基地使用权；⑦海域使用权；⑧地役权；⑨抵押权；⑩法律规定需要登记的其他不动产权利。"

《暂行条例》进一步明确了登记的不动产权利范围。充分体现了程序法为主、兼顾实体法的立法定位，以《物权法》所有权、用益物权和担保物权的分类为基础，在继承现行相关法律规定的不动产物权基础上，进行归类融合，以罗列的方式列举了上述十大项、十余种权利类型，明确了不动产登记的物权关系，基本实现了全覆盖，

---

〔1〕 程啸：《不动产登记法研究》，法律出版社2011年版，第103～106页。

统一了登记范围。

7. 不动产登记有何实际作用？

一、不动产登记的效力是不动产登记制度的核心问题

所谓不动产登记的效力，是指登记这一法律事实对当事人的不动产物权所施加的实际作用。不动产物权登记有物权公示效力、物权变动的根据效力、权利正确性推定效力、善意保护效力、警示效力、监管效力等。[1]

建立不动产登记制度，必须以稳定、均衡、低耗、高效为原则，合理配置统一的登记效力。[2]《暂行条例》没有明确提及不动产登记的效力，但这是不动产登记中最重要的问题之一，是不动产登记制度的重要根基之一。相信会在后续的实施细则中进一步明确。

二、不动产登记效力的两种类型

（一）登记生效主义

登记生效主义指只有经过登记，不动产物权的设立、变更、转让和消灭才发生效力。

我国的集体土地所有权、房屋所有权、建设用地使用权、海域所有权的设立、变更、转让和消灭，除非法律另有规定，经依法登记发生效力，未经登记，不发生效力，采登记生效主义。

（二）登记对抗主义

在登记之前，不动产物权的设立、变更、转让和消灭已经发生效力，但不能对抗善意第三人，只有经过登记，才具有对抗善意第三人的效力。

---

[1] 孙宪忠：《论物权法》（修订版），法律出版社2008年版，第408～413页。
[2] 胡志刚：《不动产物权新论》，学林出版社2006年版，第116页。

以家庭承包方式取得的土地承包经营权，自合同生效时设立；土地承包经营权互换、转让，未办理登记的，不得对抗善意第三人，采登记对抗主义。宅基地使用权、地役权以及家庭承包以外的方式取得的土地承包经营权，自批准或者合同生效时设立。处分已经登记的宅基地使用权、地役权以及家庭承包以外的方式取得的土地承包经营权的，应当办理登记；未经登记不发生效力。

8. 不动产登记应遵循哪些原则？

一、严格管理原则

严格管理原则要求不动产登记机构在进行不动产登记中要严格规范、科学管理。重点规范登记行为，强化政府责任，提高登记质量，增强不动产登记的严肃性、权威性和公信力。[1]

二、稳定连续原则

所谓稳定即要求在登记中确保不动产物权的稳定性，明确已经发放的权属证书继续有效，已经依法享有的不动产权利不因登记机构和程序的改变而受到影响。[2]一方面能够通过首次登记而确认物权，另一方面又能够在物权发生变动时及时通过登记使变动后的物权趋于稳定。

不动产登记的类型有首次登记、转移登记、变更登记、注销登记等几种。所谓连续性是指未办理不动产首次登记的，不得办理不

〔1〕 "法制办、国土资源部负责人就《不动产登记暂行条例》答记者问"，载新华网 http://www.gov.cn/xinwen/2014－12/22/content_ 2795029. htm，访问时间：2014年12月22日。

〔2〕 "法制办、国土资源部负责人就《不动产登记暂行条例》答记者问"，载新华网 http://www.gov.cn/xinwen/2014－12/22/content_ 2795029. htm，访问时间：2014年12月22日。

动产其他类型登记，即如果没有办理首次登记，不动产物权尚不明确，就不能办理转移登记、变更登记、注销登记等其他类型的登记。

三、方便群众原则

不动产登记机构的理念应当变管理为服务，树立以当事人为中心的思想。只要符合不动产登记的要件，则一律予以登记，而不是想方设法、吹毛求疵地让当事人不能成功登记。方便群众申请登记，保护权利人合法权益，是《暂行条例》的立法目的，以下几方面也充分体现了这一原则。

一是，稳定申请人预期，对申请人、申请材料、初审受理、查验要求、实地查看、办理期限等均作出明确规定。

二是，尊重申请人意思自治，规定登记机构将申请登记事项记载于登记簿前，申请人可以撤回登记申请。

三是，简化申请程序，强调当场审查的原则，要求登记机构受理后书面告知申请人，对不符合法定条件不予受理的，以及不属于本机构登记范围的，也要书面告知申请人，并一次性告知需补正内容或者申请途径；未当场书面告知申请人不予受理的，视为受理；登记机构原则上要自受理登记申请之日起 30 个工作日内办结登记手续，完成登记后依法核发权属证书或登记证明。

四是，减轻申请负担，规定登记机构能够通过实时互通共享取得的信息，不得要求申请人重复提交。[1]

四、公示公信原则

在登记的对外效力上，承认登记的公示公信效力，但又不将其绝对化。在一般且多数情况下，可以承认登记的公示公信效力，但

---

〔1〕"法制办、国土资源部负责人就《不动产登记暂行条例》答记者问"，载新华网 http://www.gov.cn/xinwen/2014－12/22/content_ 2795029. htm，访问时间：2014年 12 月 22 日。

对于违反实体法存在瑕疵的登记不予确认，不承认其对抗第三人的效力，当然同时对善意第三人因依赖登记而造成损失的应给予赔偿。但要通过加强公示、开展异议登记、对外开放登记信息查询等措施，加强对登记的监督，减少登记错误，尽量为第三者交易提供准确信息，减少交易风险，提高交易效率。[1]

五、"房随地走"或"地随房走"的一体登记原则

房屋等建筑物、构筑物和森林、林木等定着物应以土地、海域为基础一体登记。我们常说的房地一体主义是一体登记原则的一个体现。房地一体原则是指土地使用权和土地上的房屋等建筑物和附着物的所有权归属于同一主体，在房地产转让或抵押时，房屋所有权和土地使用权必须同时转让、抵押。房地一体原则也被称为"房随地走"原则或"地随房走"原则，其源于房产与地产不可分离的自然属性。

我国《城市房地产管理法》第 32 条规定："房地产转让、抵押时，房屋的所有权和该房屋占用范围内的土地使用权同时转让、抵押。"

《担保法》第 36 条规定："以依法取得的国有土地上的房屋抵押的，该房屋占用范围内的国有土地使用权同时抵押。以出让方式取得的国有土地使用权抵押的，应当将抵押时该国有土地上的房屋同时抵押。乡（镇）、村企业的土地使用权不得单独抵押。以乡（镇）、村企业的厂房等建筑物抵押的，其占用范围内的土地使用权同时抵押。"

《担保法》第 55 条规定："城市房地产抵押合同签订后，土地上新增的房屋不属于抵押物。需要拍卖该抵押的房地产时，可以依法将该土地上新增的房屋与抵押物一同拍卖，但对拍卖新增房屋所得，

---

〔1〕 胡志刚：《不动产物权新论》，学林出版社 2006 年版，第 117 页。

16

抵押权人无权优先受偿。依照本法规定以承包的荒地的土地使用权抵押的，或者以乡（镇）、村企业的厂房等建筑物占用范围内的土地使用权抵押的，在实现抵押权后，未经法定程序不得改变土地集体所有和土地用途。"

六、属地登记原则

不动产登记由不动产所在地的不动产登记机构负责。属地登记确立了不动产登记的管辖原则，即原则上，不动产坐落在哪里，就由哪里的不动产登记管理部门负责办理不动产登记。

我国《物权法》第 10 条第 1 款规定："不动产登记，由不动产所在地的登记机构办理。"《土地登记办法》第 3 条规定："土地登记实行属地登记原则。"

9. 统一不动产登记的管理和办理机构是谁？

一、在中央层面，国土资源部是不动产登记的主管部门

我国《物权法》第 10 条规定："不动产登记，由不动产所在地的登记机构办理。国家对不动产实行统一登记制度。统   登记的范围、登记机构和登记办法，由法律、行政法规规定。"《暂行条例》第 6 条第 1 款规定："国务院国土资源主管部门负责指导、监督全国不动产登记工作。"该条明确，国土资源部是全国不动产登记的主管部门。

为做好不动产登记工作，2014 年 5 月 7 日，国土资源部办公厅下发《关于在地籍管理司加挂不动产登记局牌子的通知》（以下简称《通知》）。《通知》明确，根据《中央编办关于整合不动产登记职责的通知》（中央编办发〔2013〕134 号）和《中央编办关于国土资源部不动产登记人员编制有关问题的批复》（中央编办复字〔2014〕36号），在国土资源部地籍管理司加挂不动产登记局牌子，承担指导监督全国土地登记、房屋登记、林地登记、草原登记、海域登记等不动产登记工作的职责。不动产登记局挂牌成立，标志着统一的不动产登记机构正式组建，不动产登记"四统一"工作（登记机构、登记簿册、登记依据和信息平台）迈出了坚实一步，为建立和实施不动产统一登记制度提供了有力的组织保障。[1]

二、在地方层面，由不动产所在地的县级人民政府不动产登记机构办理

《暂行条例》第6条第2款规定："县级以上地方人民政府应当确定一个部门为本行政区域的不动产登记机构，负责不动产登记工作，并接受上级人民政府不动产登记主管部门的指导、监督。"在地方上不动产登记的主管部门在县级以上人民政府，不动产登记的最低层级是县级人民政府的相应主管部门。

《暂行条例》第7条第1款规定："不动产登记由不动产所在地的县级人民政府不动产登记机构办理；直辖市、设区的市人民政府可以确定本级不动产登记机构统一办理所属各区的不动产登记。"因此，县级人民政府不动产登记机构办理登记是原则。在直辖市和设区的市，由于人口较为聚集，为了方便群众和节约政府资源，可以统一办理所属各区的不动产登记。

2014年3月，不动产登记工作第一次部际联席会议召开；4月，国土部成立不动产登记工作领导小组；8月，不动产登记局"三定方案"印发；11月，中国土地矿产法律事务中心更名为国土资源部不动产登记中心，承担不动产登记相关政策、业务、技术等方面的支撑工作。

目前国家层面不动产登记职责和机构建设基本完成，22个省份完成了省级职责整合，但市县一级的职责和机构整合工作普遍没有

〔1〕"国土资源部正式挂牌成立不动产登记局"，载人民网 http://house.people.cn/n/2014/0508/c164220－24993681.html，访问时间：2014年11月29日。

启动。不动产登记工作关键在地方，特别是具体承担不动产登记工作的市、县一级。为此，国土资源部将商请中央编办加强对地方职责和机构整合工作的联合监督指导，明确相关政策和指导意见，督促地方加快推进职责和机构整合工作，并确保各级不动产登记机构能够顺畅接受上级不动产登记主管部门的指导和监督，做到上下对口一致。[1]

10. 跨行政区域的不动产怎样办理登记?

一、不动产权利可分的，可以由几个地方确权登记

《暂行条例》第7条第2款规定："跨县级行政区域的不动产登记，由所跨县级行政区域的不动产登记机构分别办理。不能分别办理的，由所跨县级行政区域的不动产登记机构协商办理；协商不成的，由共同的上一级人民政府不动产登记主管部门指定办理。"如果跨县级行政区域的不动产可以分别办理，就由县级人民政府分别办理，这样在物理形态上是一个不动产，可能在法律上由几个不动产登记簿和不动产登记权利证书来完成对其的确权。

二、不动产权利不可分的，首先协商，协商不成由上级主管部门指定办理登记

如果不能分别办理，各县级人民政府不动产登记机构又协商不成的，则交由上级人民政府不动产登记主管部门指定一个县级不动产登记机构管辖，由其办理相关登记。

《土地登记办法》第3条规定："跨县级行政区域使用的土地，应当报土地所跨区域各县级以上人民政府分别办理土地登记。"

---

〔1〕"专访国土资源部不动产登记局负责人"，载新华网 http://news. xinhuanet. com/fortune/2014－12/22/c_ 1113737163. htm，访问时间：2014 年 12 月 22 日。

跨县级行政区域的不动产，以分别办理为原则。不能分别办理的，就协商办理。协商不成的，就指定办理。因此，对跨县级行政区域的不动产，建立了依次为分别办理、协商办理和指定办理的登记机制。

11. 国务院确定的重点国有林区的森林、林木和林地，国务院批准项目用海、用岛，中央国家机关使用的国有土地如何进行登记?

《暂行条例》第7条第3款对此作了特别的规定："国务院确定的重点国有林区的森林、林木和林地，国务院批准项目用海、用岛，中央国家机关使用的国有土地等不动产登记，由国务院国土资源主管部门会同有关部门规定。"上述权利的登记逐步向属地登记过渡应当是一个趋势。

第二章　不动产登记簿

12. 什么是不动产登记簿?

不动产登记簿是指由国家不动产登记机关制作的、用于记载不动产自然状态及权利设立和变动事项的专用簿册。[1] 不动产登记簿是不动产登记的重要载体。不动产登记应当使用统一的不动产登记簿和权属证书或者证明。不动产登记簿可以是电子的载体,也可以是纸质的载体。

13. 不动产登记簿有哪些特征?

既然不动产登记就是为了让世人知到,到底谁才是特定的不动产的真正所有人。根据物权公示原则的要求,不动产登记簿应当具有下列特征。

一、统一性

一个登记区域内的不动产登记簿只能有一个,这样该区域内的不动产物权变动的各种情况才能准确地得到反映,物权交易的秩序才能良好建立。

---

〔1〕 向明:《不动产登记制度研究》,华中师范大学出版社 2011 年版,第 92 页。

二、权威性

不动产登记簿是国家建立的档案簿册，其公信力以国家的行为担保，并依此为不动产物权变动的可信性提供保障。

三、持久性

不动产登记簿将由登记机构长期保存，以便于当事人和利害关系人的利益获得长期的保障。

四、公开性

不动产登记簿不应是秘密档案，登记机构不但应当允许权利人和利害关系人查阅复制，而且还要为他们的查阅复制提供便利。[1]

五、不动产登记簿具有法定的效力

不动产登记簿既体现了不动产登记活动的最终结果，通过不动产登记实现了物权公示、公信两大效力，又通过不动产登记簿记载的不动产的物理状态及其权属变化，来实现国家税收征管、资源保护、财产统计、经济分析、不动产监督管理等国家治理目的。

（一）不动产登记簿明确了不动产物权设立和变更的时间

《物权法》第 14 条规定："不动产物权的设立、变更、转让和消灭，依照法律规定应当登记的，自记载于不动产登记簿时发生效力。"该条具体明确了不动产物权设立、变更、转让和消灭登记生效的时间，即"自记载于不动产登记簿时发生效力"；也就是说，不动产物权登记自登记机构将不动产物权有关事项记载于不动产登记簿时才告完成。

---

〔1〕 胡康生主编：《中华人民共和国物权法释义》，法律出版社 2007 年版，第49~50页。

（二）推定登记簿上记载的人就是不动产权利人

此即所谓的不动产登记簿应有的推定正确之效力。《物权法》第16条规定："不动产登记簿是物权归属和内容的根据。不动产登记簿由登记机构管理。"不动产登记簿应当坚持权利正确性推定原则，即在不动产登记簿上记载某人享有某项物权时，推定该人享有该项权利，其权利的内容也以不动产登记簿上的记载为准。

法律要求不动产登记机构正确履行职责，认真进行审查，客观记载登记事项，以确保不动产登记簿记载的当事人权利和事实上的当事人权利相一致。但现实生活是复杂多样和丰富多彩的，由于当事人自身的过错、登记机关的疏忽大意而造成的过错或者第三人力量介入造成的过错，很可能会出现登记簿上的权利和事实上的权利相左的情况。

因此，赋予不动产登记簿推定正确效力，对实现不动产物权设立、变动中的客观公正、正确安定有十分重要的意义。法律规定物权的归属和内容以不动产登记簿为根据，目的就是从国家公信力的角度对物权相对人的利益进行保护，从而建立一个能以客观标准衡量的公正的经济秩序，以符合物权公示原则的价值和要求。[1]

14. 不动产登记簿登记的事项与权利证书或证明相左时以谁为准?

不动产登记簿登记的事项与权利证书或证明相左时，应当以不动产登记簿为准。《房屋登记办法》第25条规定："房屋登记机构应当根据房屋登记簿的记载，缮写并向权利人发放房屋权属证书。"房屋权属证书是权利人享有房屋权利的证明，包括《房屋所有权证》、《房屋他项权证》等。申请登记房屋为共有房屋的，房屋登记机构应

---

〔1〕 胡康生主编：《中华人民共和国物权法释义》，法律出版社2007年版，第53～54页。

当在房屋所有权证上注明"共有"字样。预告登记、在建工程抵押权登记以及法律、法规规定的其他事项在房屋登记簿上予以记载后，由房屋登记机构发放登记证明。

《物权法》第17条规定："不动产权属证书是权利人享有该不动产物权的证明。不动产权属证书记载的事项，应当与不动产登记簿一致；记载不一致的，除有证据证明不动产登记簿确有错误外，以不动产登记簿为准。"《房屋登记办法》第26条也规定："房屋权属证书、登记证明与房屋登记簿记载不一致的，除有证据证明房屋登记簿确有错误外，以房屋登记簿为准。"

因此，不动产权属证书是权利人享有该不动产权利的证明。不动产权属证书记载的事项，应当与不动产登记簿一致；记载不一致的，除有证据证明不动产登记簿确有错误外，以不动产登记簿为准。

15. 为什么我国应当建立房地合一的统一不动产登记簿？

首先，我国《物权法》和《暂行条例》已经确立了不动产统一登记的原则。如果继续采用房、地登记簿分别设立的模式，则会增加社会成本，对社会资源也是巨大的浪费。

其次，我国物权法立法中已经确立了"房随地走"、"地随房走"的原则，在"房地一体主义"的立法中，将房屋和土地视为一个一体变动的整体。因此应当将房屋和土地的登记簿予以统一。

最后，统一不动产登记簿能够集中而全面地记载同一不动产上的权利信息；统一不动产登记簿，能够使信息较为充分的披露，让交易者能够得到不动产事项的充分信息，以解决公示的弊端。[1]

---

〔1〕 向明：《不动产登记制度研究》，华中师范大学出版社2011年版，第101页。

16. 什么是不动产单元？

一、不动产单元须具有明确的界址或界线

《物权法》第11条要求："当事人申请登记，应当根据不同登记事项提供权属证明和不动产界址、面积等必要材料。"就土地而言，要求土地的三维空间范围必须是界线封闭的；就房屋而言，要求房屋有明确的四至界线，从而形成一个特定、确定的物。

二、不动产单元须有地理空间上的确定性与唯一性

对于土地而言，确定地理位置的方法是依靠地籍测量形成地籍图或地籍册。地籍图或地籍册赋予每一个地块以唯一的、确定不变的号码，登记簿上通过援引该号码以确定土地的地理位置，据此形成地籍图或地籍册与土地登记簿的关联性。对于房屋而言，房屋所坐落的地理位置，需要通过房地产基础测绘形成的房地产分幅平面图与房地产项目测绘形成的房地产分丘平面图、房地产分层平面等加以确定，并赋予唯一、确定不变的号码，进而形成房地产测绘资料与房屋登记簿之间的关联性。

三、不动产单元须具有独立的使用价值

只有具有实际使用价值的不动产才能成为不动产登记的单元。[1]不动产登记单元要能满足社会生产、生活的现实需要。不动产单元至少有三个特征。

一是，不动产单元是一个整体概念，地和房、地和林、海和构筑物等打包成一个单元，且单元编码唯一。

二是，不动产单元是一个空间概念，土地权利可以在地上、地

---

[1] 程啸：《不动产登记法研究》，法律出版社2011年版，第94~95页。

表和地下分别设立，相应土地权利的空间权属界面应该用标识码区别，以解决土地空间利用中可能出现的地上建筑物依附的地权和地下建筑物依附的地权不一致的问题。

三是，不动产单元是一个动态概念，随着不动产物理形态的变化发生变化，如土地、海域从无定着物到有定着物，登记单元要改变，海域变为土地或者土地变成海域也会造成登记单元的改变。[1]

17. 被记载于登记簿上的不动产应符合什么要求?

一、被记载于登记簿的不动产都必须是特定的

在登记时，必须通过对不动产的科学测量，从地理空间上将不动产的位置或坐落加以确定，并明确该不动产的界址、面积、体积等自然状况，使之成为独立的、特定的物，才能成为物权支配的标的物并被记载于不动产登记簿。

二、被记载于登记簿的不动产必须是确定的

只有可以独立成为物权客体的不动产上的物权之设立或变动才能进行登记。[2]由于不动产登记法在本质上其实就是不动产物权登记程序法，故而其一切活动应当遵循物权特定原则与物权确定原则。

18. 我国不动产单元现状如何?

在《暂行条例》生效之前，我国在土地登记和房屋登记中已经在使用不动产单元的概念。

---

　　〔1〕 肖攀："关于不动产统一登记簿设计的几个问题"，载中国土地矿产法律事务中心编：《国土资源政策法律研究成果选编》（2013～2014），中国法制出版社 2015 年版，第 96 页。
　　〔2〕 程啸：《不动产登记法研究》，法律出版社 2011 年版，第 93～94 页。

《土地登记办法》第 5 条规定，"土地以宗地为单位进行登记"，以及"宗地是指土地权属界线封闭的地块或者空间"。《房屋登记办法》第 10 条对房屋登记单元作出了更为详细的规定，"房屋应当按照基本单元进行登记"，以及"国有土地范围内成套住房，以套为基本单元进行登记；非成套住房，以房屋的幢、层、间等有固定界限的部分为基本单元进行登记。集体土地范围内村民住房，以宅基地上独立建筑为基本单元进行登记；在共有宅基地上建造的村民住房，以套、间等有固定界限的部分为基本单元进行登记"。

《暂行条例》第 8 条第 1 款规定："不动产以不动产单元为基本单位进行登记。不动产单元具有唯一编码。"这为不动产权籍调查和不动产登记簿册设计提供了法律根据。[1] 在《暂行条例》之前，各类不动产登记由不同的登记机构依据相应的不动产单元进行登记，即土地、海域分别以宗地、宗海为不动产单元，而房屋则相应的幢、层、间、套或独立建筑为不动产单元。这种状态下，各个登记机构无须考虑其他不动产的单元如何设置、各个不动产单元之间的关系如何。

然而，开展不动产统一登记后，各类不动产单元之间的关系如何协调处理，《暂行条例》没有作出明确的规定，这是后续我们要重点研究的问题。

19. 什么是宗地?

一、宗地是指土地使用权人的权属界址范围内的地块

宗地（parcel of land）亦即权属界址线所封闭的地块。一般情况下，一宗地为一个权属单位，同一个土地使用者使用不相连接的若

---

[1] 郄建荣："不动产登记暂行条例发布，明年 3 月 1 日起实施，实行依申请登记共同申请原则"，载《法制日报》2014 年 12 月 23 日第 1 版。

干地块时，则每一地块分别为一宗。

二、宗地是土地登记和地籍调查的基本单元

历史上曾称宗地为"丘"。宗地是地籍的最小单元，是地球表面一块有确定边界、有确定权属的土地，其面积不包括公用的道路、公共绿地、大型市政及公共设施用地等。

三、宗地号是以宗地为基本单位的统一编号

宗地号又称地号，其有四层含义，称为：区、带、片、宗，从大范围逐级体现其所在的地理位置。

四、一宗地是一个权利人所拥有或使用的一个地块

一个权利人拥有或使用不相连的几个地块时，则每一地块应分别划分宗地。当一个地块为两个以上权利人拥有或使用，而在实地又无法划分他们之间的界线时，这种地块称为共用宗。当一个权利人拥有或使用的地块跨越土地登记机关所辖的范围，即一个地块分属两个以上土地登记机关管辖时，应按行政辖区界线分别划宗。

20. 什么是宗海？

一、宗海是权属界址线所封闭的用海单元

《海域使用权登记办法》第2条规定："海域使用权登记是指依法对海域的权属、面积、用途、位置、使用期限等情况以及海域使用权派生的他项权利所做的登记，包括海域使用权首次登记、变更登记和注销登记。他项权利，是指出租、抵押海域使用权形成的承租权和抵押权。"在海域使用权登记之中，该特定权属界址线所封闭的用海单元被称为"宗海"。

二、海域使用权登记以宗海为基本单位

《海域使用权登记办法》第 4 条规定："海域使用权登记以宗海为基本单位。权属界址线所封闭的用海单元称宗海。但填（围）海造地的，应独立分宗登记。单位和个人取得两宗以上海域的，应当按宗分别申请登记。两个以上海域使用人使用同一宗海域的，应当共同申请登记。"

21. 不动产登记簿应记载哪些内容？

《暂行条例》第 8 条第 3 款规定："不动产登记簿应当记载以下事项：①不动产的坐落、界址、空间界限、面积、用途等自然状况；②不动产权利的主体、类型、内容、来源、期限、权利变化等权属状况；③涉及不动产权利限制、提示的事项；④其他相关事项。"

依据登记事项的主、附性质的不同，登记簿可以分为两大部分：主登记部分和附登记部分。

《房屋登记办法》第 24 条规定："房屋登记簿应当记载房屋自然状况、权利状况以及其他依法应当登记的事项。"

《土地登记办法》第 15 条规定："土地登记簿是土地权利归属和内容的根据。土地登记簿应当载明下列内容：①土地权利人的姓名或者名称、地址；②土地的权属性质、使用权类型、取得时间和使用期限、权利以及内容变化情况；③土地的坐落、界址、面积、宗地号、用途和取得价格；④地上附着物情况。"

一、不动产登记簿主登记部分，记载的是独立存在的登记事项

不动产登记簿主登记部分又可分为两个层次：一是，登记的不动产的标示部分，即对特定不动产的自然状况的记载事项；二是，登记的不动产的权利部分，即记载应当登记的不动产上的各种权利。通常先记载不动产的所有权，因为不动产是最为完全的物权，然后

再记载他物权。

二、不动产登记簿附登记部分，记载的事项并非独立存在

它们是就主登记事项的部分内容进行变更、更正或限制其处分的事项，依存于主登记部分。登记簿的附登记部分主要记载两项内容：一是，登记不动产处分的各种限制，如预告登记、异议登记、查封登记等；二是，不动产权属证书因灭失或损坏而换证等事项。

22. 不动产登记簿一定要纸质的吗？

一、不动产登记簿应当以电子介质为原则

《暂行条例》第9条第1款规定："不动产登记簿应当采用电子介质，暂不具备条件的，可以采用纸质介质。不动产登记机构应当明确不动产登记簿唯一、合法的介质形式。"

《房屋登记办法》第24条规定："房屋登记簿可以采用纸介质，也可以采用电子介质。采用电子介质的，应当有唯一、确定的纸介质转化形式，并应当定期异地备份。"

《土地登记办法》第15条规定："土地登记簿采用电子介质的，应当每天进行异地备份。"

二、在保留传统的纸介质登记簿的同时将登记资料电子化、信息化是大势所趋

随着数字、电子和网络技术的发展，互联网革命悄然进行。电子介质的登记簿既可以解决传统纸介质登记簿在建立与管理上难度大、成本高、完整性和安全性均难以得到有效保障的问题，完善记载活动存在的时间上的滞后性等方面的诸多缺陷；同时也有利于登记机关提高登记效率，也便于当事人和利害关系人的申请、查阅，

能够更大程度上促进交易，将在一定程度上引起物权法制度的革命。[1]

三、不动产登记簿的电子化和信息化意义重大

（一）实现对不动产登记簿册的信息化和自动化管理

利用计算机自动化数据编制不动产登记簿，即以电子介质或磁性中介（如磁盘或光盘）等多种存储介质为载体，对不动产登记簿册进行信息化和自动化管理。

（二）通过互联网真正实现不动产登记信息的互联互通

在保留传统的纸质登记簿的前提下，在不动产登记簿形成纸质档册的同时，利用扫描、拍照等技术，同步形成电子档册，以多种存储介质作为载体，利用互联网技术，最终实现不动产登记簿内容的电子化记载。[2]

特别是在互联网技术高速发展的当下，在大数据、云计算、云存储、APP 等高科技日新月异的时代，应当拓宽思路，创新不动产登记簿的介质，努力开拓通过互联网进行不动产登记的途径，通过互联网实现网上申请、网上审批与网上查阅，真正实现不动产登记信息真正的互联互通。[3] 应将当事人在各部门之间的来回奔走转为电子信息通过网络在各部门之间"奔走"，以提高工作效率、降低不动产登记成本，进而大幅节约社会资源。

---

〔1〕（台）苏永钦：《民事立法与公私法的接轨》，北京大学出版社 2005 年版，第 234～235 页。

〔2〕高洪宾："我国不动产登记制度的弊端及完善"，载《法律适用》2002 年第 12 期。

〔3〕常昱、常宪亚：《不动产登记与物权法：以登记为中心》，中国社会科学出版社 2009 年版，第 186 页。

23. 如何保证不动产登记簿的完整性?

不动产登记簿所反映的法律关系一般应是统一和固定的，为保证不动产登记簿达到再现不动产上法律关系的目的，进而实现不动产登记簿公示公信的效果，不动产登记簿的内容应清晰、准确、明确。而要保持不动产登记簿的内容清晰与准确就离不开规范其记载的要求、方式以及其程序的正当性。

一、不动产登记簿是体现国家主权的法律文件，故其表现形式须依法定

不动产登记体现了国家主权以及国家的管制，不动产登记簿具有主权性[1]、统一性、权威性、长久性、公开性，其所记载的内容，无论是物权的设立、转移、变更、消灭抑或预登记、异议抗辩、权利限制等，都只能使用国家公布的官方文字、数字、图表和符号书写，而不能使用其他诸如画线、涂改、加括号或加线条等不具有公信力的工具或符号等技术手段。[2]

由于我国是统一的多民族国家，在少数民族自治区、自治州、自治县除了使用汉语来进行登记外，提倡同时使用少数民族的文字进行登记。

二、不动产登记记载的法定程序，要求登记过程必须权责相符

不动产登记簿的编制应当实行不动产登记官专人专职负责，登记机构应当将相关责任落实到每一个具体承办的登记人员；为了明确权责，不动产登记簿的每一页都应由负责该项不动产登记的不动产登记官亲笔签名，并准确记载登记的具体日期。这一方面便于登

---

[1] 常鹏翱:"不动产登记簿的制度建构"，载《法律科学》2009 年第 5 期。

[2] 孙宪忠:《德国当代物权法》，法律出版社 1997 年版，第 146 页。

记错误时的责任追究，另一方面也能增强不动产登记簿的公信力。

24. 为什么说不动产登记官是世界各国包括我国应当普遍采取的制度？

一、建立不动产登记官制度是一个趋势

古埃及、古希腊等古国都有专门从事不动产登记的"书记官"。中国宋代的"措置经界"、"砧基造籍"，实际是中国历史上较早的不动产登记。公元1127年的南宋绍兴年间，制定颁布的经界法就类似当今的不动产登记法，设立了经界局，中心人物先是干练、具有经济财税专业知识的李椿年，后有程朱理学的集大成者朱熹等人，他们都极力主张实施经界法必须有得力人才。[1]

不动产登记官是不动产登记机构负责对不动产登记内容进行审查和登簿的公职人员。我国以前虽然没有明确设立不动产登记官制度，但一些法律法规中已经有了类似的制度设计。

例如《土地登记办法》第4条规定："国家实行土地登记人员持证上岗制度。从事土地权属审核和登记审查的工作人员，应当取得国务院国土资源行政主管部门颁发的土地登记上岗证书。"

《房屋登记办法》第6条规定："房屋登记人员应当具备与其岗位相适应的专业知识。从事房屋登记审核工作的人员，应当取得国务院建设主管部门颁发的房屋登记上岗证书，持证上岗。"住房和城乡建设部也曾努力建立房屋登记官制度。该部2009年下发的《关于做好房屋登记审核人员培训考核工作（试行）的通知》（建房〔2009〕61号，以下简称《通知》）规定："在房屋登记机构从事初审、复审、终审等具有房屋登记审核性质工作的人员，应按照《房

---

〔1〕 樊志全："不动产统一登记应当做好的几件事"，载中国土地矿产法律事务中心编：《第五届国土资源法治学术研讨会论文集》，2014年11月印，第28页。

屋登记办法》和《通知》的要求，通过房屋登记人员培训考核或确认，取得《房屋登记官考核合格证书》后，成为房屋登记官，方可从事房屋登记审核工作。"

该《通知》还要求："从2010年开始进行房屋登记官考核的组织培训和实施工作，各房屋登记机构要高度重视培训考核工作，积极为登记审核人员参加岗位培训创造条件。到2012年凡未取得《房屋登记官考核合格证书》的人员，一律不得再从事房屋登记审核工作；房屋登记机构其他工作人员也必须具备与其岗位相适应的专业知识，否则应调离其工作岗位。"

《海域使用权登记办法》第36条规定："从事海域使用权登记工作的人员应当经过培训，持证上岗。"

《暂行条例》第11条规定："不动产登记工作人员应当具备与不动产登记工作相适应的专业知识和业务能力。不动产登记机构应当加强对不动产登记工作人员的管理和专业技术培训。"

由此可以看出，建立不动产登记官制度是我国政府相关负责部门的一个导向。

二、国外成熟的不动产登记官制度值得借鉴

日本《不动产登记法》第12条规定由登记官负责办理不动产登记。登记官由法务局局长或法务局局长授权的地方法务局局长在该登记所工作的法务事务官中任命。各登记所根据其规模设一人至数人的登记官。日本《不动产登记法》第49条和第50条的规定，登记官有两种权力：一是书面审查权，即对提出的登记申请，查看是否符合《不动产登记法》规定的多种登记要求；二是实际调查权，即实地查看申请人申报登记的不动产与事实是否相符。但依该法第13条的规定，当登记官自己、其配偶或其直系亲属为登记申请人时，登记官则不能以其身份独自办理登记。该条规定，在这种场合，必须有已在该登记所进行了登记并且与登记申请人没有直系亲属关系的2个以上成年人作保，方能进行登记。与此同时，登记官还应作

笔录，与作保人共同签名盖章。该法第 152 条规定，由于登记官失误造成他人损失时，受损失人可以向法务局局长或地方法务局局长提出请求审查申诉，也可向法院提出诉讼，要求经济赔偿。如查明确系登记官的失误而使他人受到损害时，登记官不仅要依法赔偿受害人的全部损失，还要被解除职务。[1]

25. 为什么说建立不动产登记官制度是提高我国不动产登记水平的重要环节？

一、不动产登记官制度有利于实现不动产登记队伍的专业化

不动产登记并不是你申请、我发证那么简单。相反，不动产登记是较为复杂和专业的专门性工作，需要登记人员具有较为综合的素养。既要了解行政登记的运作流程，了解行政法的相关知识，又要有扎实的民商事法律基础，尤其要精通物权法、合同法、婚姻法、继承法、土地管理法等法律及相关的行政法规、部门规章中关于不动产的相关规定。不动产登记人员应当具有一定的准入门槛，应当经过专门的法律训练，取得相应的考试及认证，以确保登记人员达到应有的专业水平。目前我国不动产登记人员的素质参差不齐。据统计，自 2000 年以来，全国的行政案件数量增长了 20%，其中房屋登记行政案件竟然增长了近 200%。房屋登记行政案件在人民法院受理的 94 类行政案件中排名第二，占全国行政案件受案总数的比率高达 8%。[2]因此，只有提高登记人员的专业化水平，才能尽量避免因不动产登记而引发的行政诉讼。

---

〔1〕 姜雅："日本不动产登记管理制度特征"，载中国国土资源报网 http://www.gtzyb.com/guojizaixian/20140217_58505.shtml，访问时间：2014 年 11 月 30 日。
〔2〕 罗书臻："统一司法尺度，保护房屋权利人、利害关系人合法权益——最高人民法院行政审判庭庭长就《关于审理房屋登记案件若干问题的规定》答记者问"，载《司法业务文选》2010 年第 39 期。

二、不动产登记官制度可保证登记机构依法登记

党的十八届四中全会提出依法治国的重大主题，要求行政机关依法行政，各项行政行为要于法有据。在不动产登记领域，就要依法进行不动产登记，由专业的人员进行登记。现实中，我国很多地方的不动产登记人员都是外聘的编外人员，由他们在一线岗位上直接从事不动产登记业务。例如，上海市从事房地产交易登记业务的人员共有 1500 人，其中一线窗口的受理人员中有 80% 属于编外人员。[1] 不否认有些编外人员整体素质较高，但大面积的使用编外人员，而且缺乏对其的专业培训，其工资、社会保险等待遇较低，加之人员流动性较大、稳定性较差，必然不利于依法进行不动产登记。在不动产登记官制度建立之后，明确要求只有登记官才能从事登记审核等登记环节的重要工作，其他人员只能从事辅助性工作，以确保不动产登记的质量。

三、避免登记错误并建立责任追究机制，以提高登记的公信力和稳定性

不动产登记责任重大，它直接涉及个人及组织的财产权利的归属，一旦登记错误，很多情况下都会出现连锁反应，甚至会出现危及社会稳定的公共事件。在赋予不动产登记官法定职权的同时，也应规定登记官的登记职责、行为规范及奖惩机制。一旦登记官出现登记错误，甚至违法登记行为，可以径直追究登记官个人的法律责任。

《国家赔偿法》第 16 条第 1 款规定："赔偿义务机关赔偿损失后，应当责令有故意或重大过失的工作人员或者受委托的组织或者个人承担部分或者全部赔偿费用。"第 2 款规定："对故意或者重大过失的责任人员，有关机关应当给予处分；构成犯罪的，应当依法

---

〔1〕 何优："浅议建立房地产登记官制度"，载《上海房地》2009 年第 8 期。

追究刑事责任。"在给不动产登记官赋权的同时，也明确其法定职责，以增强其责任心和责任感，努力避免登记错误，强化登记的稳定性，以树立登记的公信力。

我国未来的不动产登记官应当经过国土资源主管部门考核合格、具有专业资格，应当取得国土资源部颁发的不动产登记官证书。

26. 不动产登记簿应如何保存？

《暂行条例》第9条第2款规定："不动产登记簿采用电子介质的，应当定期进行异地备份，并具有唯一、确定的纸质转化形式。"《暂行条例》第12条规定："不动产登记机构应当指定专人负责不动产登记簿的保管，并建立健全相应的安全责任制度。采用纸质介质不动产登记簿的，应当配备必要的防盗、防火、防渍、防有害生物等安全保护设施。采用电子介质不动产登记簿的，应当配备专门的存储设施，并采取信息网络安全防护措施。"

不动产登记簿作为国家机关重要的法定文件和重要资料，必须采取严格、规范的保存办法。在保存主体上，不动产登记簿应当由不动产登记机构统一保存。我国《物权法》第16条第2款规定："不动产登记簿由登记机构管理。"在保存期限上，《物权法》没有明确规定。《暂行条例》规定应当予以永久保存。

保存不动产登记簿应当配备设计规范的专用库房和必要的安全防范措施，如登记簿和地籍资料库应有防火、防盗、防潮、防虫等安全设备。对于电子登记簿数据的录入、存储、输出、运输，应设置加密程序、进行备份和异地保存等安全防护措施以防止数据载体被无权阅读、复制、改动或挪动。[1]

《暂行条例》第13条第2款规定："行政区域变更或者不动产登

---

[1] 程啸："不动产登记簿之研究"，载《清华法学》2007年第4期。

记机构职能调整的，应当及时将不动产登记簿移交相应的不动产登记机构。"这也强调了不动产登记机构的保管义务，纵使在行政区域变更或者不动产登记机构职能调整的情况下，各区域、各部门也应做到不动产登记簿的移交工作，以确保不动产资料保管的连续性。

27. 何种情况下不动产登记簿可以重建?

一、什么是不动产登记簿重建

不动产登记簿重建是指不动产登记簿损坏或原有格式更新时，登记机关将原有登记簿上所记载的内容登录到新的登记簿上的行为。

《暂行条例》第 13 条第 1 款规定："不动产登记簿由不动产登记机构永久保存。不动产登记簿损毁、灭失的，不动产登记机构应当依据原有登记资料予以重建。"

在不动产登记簿的保存过程中，由于时间、环境、情势变化以及其他一些意外情况发生，登记簿可能出现损坏或灭失，也可能因过时而被新的格式所取代，因而需要对原有的不动产登记簿采取一些补救措施。

《房屋登记簿管理试行办法》第 13 条第 2 款规定："登记簿有毁损的，登记机构应及时补造。"

《城市房屋产权产籍管理暂行办法》第 16 条第 2 款规定："城市房屋产权档案必须长期保存。如果发生丢失或者损毁时，应当及时采取补救措施。"

二、不动产登记簿的重建，旨在确保不动产权利状况或交易有据可查

无论纸质还是电子介质的不动产登记簿灭失、毁损，不动产登记机构均应依职权及时采取修复、重造等重建措施，以确保不动产权利状况或交易有据可查。不动产登记簿的重建要依托于有关资料，

并以恢复原有内容为目标，这是在手段和目标上对重建的刚性约束，不动产登记机构必须遵守这样的规范。如果因重大灾难导致与登记有关的资料完全灭失的，不动产登记机构只能从头再来，按照法律规定的程序建设新的不动产登记簿。[1]

《暂行条例》对不动产登记簿的重建进行了原则性的规定，在后续的实施细则里面，应当进一步明确不动产登记簿重建的具体程序。

28. 为什么按件收费应当成为不动产登记收费的一项基本原则？

不动产登记费用，是指不动产登记机构收取的费用，不包括向国家缴纳的税收款、律师或者经纪人等提供登记服务收取的费用、公证机构收取的公证费用。[2]不动产登记费属于行政事业收费，它是为了补偿登记机构的管理成本而向当事人收取的费用。

《物权法》第22条规定："不动产登记费按件收取，不得按照不动产的面积、体积或者价款的比例收取。具体收费标准由国务院有关部门会同价格主管部门规定。""件"是指不动产登记申请的件数，即当事人提出一项不动产登记申请就构成一件，提出多项登记申请则构成多件。不动产登记申请件数的确定，则以登记的单元与物权变动的次数为标准。[3]

《物权法》立法过程中，有的部门提出，物权法不宜对登记收费问题作规定。有的专家也认为，登记收费的问题属于具体的程序性问题，可以由将来的不动产登记法去作规定，物权法作为民事基本法，对此可以不作规定。立法机关经研究认为，物权法关系人民群众的切身利益，为社会各方面普遍关注，对于社会生活中反映较多，

---

〔1〕 孙宪忠主编：《不动产登记条例草案建议稿》，中国社会科学出版社2014年版，第44页。

〔2〕 程啸：《不动产登记法研究》，法律出版社2011年版，第271页。

〔3〕 程啸：《不动产登记法研究》，法律出版社2011年版，第275页。

与人民群众利益较为密切的问题，应当在物权法中作出适当的规定。[1]最终，《物权法》将按件收费确立为不动产登记收费的基本原则。

我国的不动产登记收费包括不动产登记费、不动产权属证书工本费、交易手续费、不动产测绘费等几种。《暂行条例》实施之后，所有不动产登记收费都应由不动产登记机构统一收取，并应制定全国统一的收费标准。

29. 现行的不动产登记费是何标准？

不动产登记费属于行政事业收费，它又可分为房屋登记费和土地登记费。

一、房屋登记费

房屋登记费是指县级以上地方人民政府房地产主管部门对房屋权属依法进行各类登记时，向申请人收取的费用。

2008年4月15日，国家发展改革委、财政部发布了《关于规范房屋登记费计费方式和收费标准等有关问题的通知》，明确了房屋登记费的收费标准："①房屋登记费按件收取，不得按照房屋的面积、体积或者价款的比例收取。②住房登记收费标准为每件80元；非住房房屋登记收费标准为每件550元。住房登记一套为一件；非住房登记的房屋权利人按规定申请并完成一次登记的为一件。③房屋登记费向申请人收取。但按规定需由当事人双方共同申请的，只能向登记为房屋权利人的一方收取。④房屋查封登记、注销登记和因登记机关错误造成的更正登记，不收取房屋登记费。房屋权利人因丢失、损坏等原因申请补领证书，只收取房屋权属证书费。农民利用

---

〔1〕 胡康生主编：《中华人民共和国物权法释义》，法律出版社2007年版，第66~67页。

宅基地建设的住房登记，不收取房屋登记费，只收取房屋权属证书工本费。经济适用住房登记，以及因房屋坐落的街道或门牌号码变更、权利人名称变更而申请的房屋变更登记，按本通知第三条规定的收费标准减半收取。⑤房屋权利人在办理房屋登记时委托有关专业技术单位进行房产测绘缴纳的费用属于经营服务性收费，收费标准由省级价格主管部门商有关部门制定。"

二、土地登记费

土地登记费是指县级以上人民政府国土资源行政主管部门对土地权属依法进行各类登记时，向申请人收取的费用。

1990年7月21日，国家土地管理局、国家测绘局、国家物价局、财政部颁布了《关于土地登记收费及其管理办法》，规定了土地注册登记、发证的费用："军用土地登记收费标准，仍按国家土地管理局、财政部、中国人民解放军总后勤部［1988］后营字第766号《关于军队土地详查有关问题的通知》中有关规定执行。本办法原则上适用于变更土地登记。因土地出让、转让引起土地使用权转移，需要进行变更土地登记的，其收费标准另行制定。"但该办法已经沿用了近25年，应当进行相应的修改和完善。

1998年国家计委办公厅、财政部小公厅发布了《关于土地登记收费有关问题的复函》（计办价格［1998］715号）规定："在具体实施土地权属调查、地籍测绘收费和土地注册登记、发证收费时，应遵照以下原则：①土地界址点、界址线发生变化，土地管理部门进行土地权属调查和地籍测绘并相应进行注册登记、发证的，可收权属调查、地籍测绘费和注册登记、发证费。②土地界址点、界址线没有发生变化，土地管理部门只进行权属调查并相应进行注册登记、发证的，只收权属调查费和注册登记、发证费。权属调查费的收取标准，应参考《办法》（《关于土地登记收费及其管理办法》）第4条第4款第1项规定的权属调查、地籍测绘费使用比例，按规定的土地权属调查、地籍测绘收费标准的50%计收。单纯进行注册登记、发证的只收注册登记、发证费。"

30. 不动产权属证书工本费如何收取?

我国实行不动产的登记发证制度,无论是房屋登记还是土地登记完成后,登记机构都需要给登记权利人颁发不动产权属证书或相应的登记证明,不动产权属证书工本费就是为此而收的费用。

2008年4月15日,国家发展改革委、财政部发布了《关于规范房屋登记费计费方式和收费标准等有关问题的通知》,规定:"房屋登记收费标准中包含房屋权属证书费。房地产主管部门按规定核发一本房屋权属证书免收证书费。向一个以上房屋权利人核发房屋权属证书时,每增加一本证书加收证书工本费10元。"1990年7月21日,国家土地管理局、国家测绘局、国家物价局、财政部颁布了《关于土地登记收费及其管理办法》,规定了土地注册登记、发证的费用:个人每证5元,单位每证10元;"三资"企业和其他用国家特制证书的,每证20元。

31. 交易手续费如何收取?

一、住房交易手续费

住房交易手续费属经营服务性收费,是经批准建立的房地产交易中心提供交易服务,办理交易手续时收取的费用。住房交易手续费仅包括住房转让手续费和住房租赁手续费。由于租赁登记不属于不动产物权的范畴,因此只有涉及房屋所有权转移登记时,才应收取住房转让手续费。[1]

2002年1月31日国家计委、建设部颁布的《关于规范住房交易

---

〔1〕 程啸:《不动产登记法研究》,法律出版社2011年版,第279页。

手续费有关问题的通知》（计价格〔2002〕121号）规定：住房转让手续费"按住房建筑面积收取。收费标准为：新建商品住房每平方米3元，存量住房每平方米6元。新建商品房转让手续费由转让方承担，经济适用房减半计收；存量住房转让手续费由转让双方各承担50%。以上收费标准为最高限额。省、自治区、直辖市价格主管部门可根据本地区住房交易量及经济发展状况确定具体收费标准。"

2011年3月16日，国家发展改革委颁布《关于降低部分建设项目收费标准规范收费行为等有关问题的通知》（发改价格〔2011〕534号）规定："降低保障性住房转让手续费，减免保障性住房租赁手续费。经批准设立的各房屋交易登记机构在办理房屋交易手续时，限价商品住房、棚户区改造安置住房等保障性住房转让手续费应在原国家计委、建设部《关于规范住房交易手续费有关问题的通知》（计价格〔2002〕121号）规定收费标准的基础上减半收取，即执行与经济适用住房相同的收费标准；因继承、遗赠、婚姻关系共有发生的住房转让免收住房转让手续费；依法进行的廉租住房、公共租赁住房等保障性住房租赁行为免收租赁手续费；住房抵押不得收取抵押手续费。"

二、土地使用权交易服务费

土地使用权交易服务费是依法设立的土地交易机构为土地使用权交易双方提供交易服务，办理交易手续时收取的费用，属于经营服务性收费。目前土地使用权交易服务费的收费范围和收费标准没有全国统一的规定，各地的规定参差不齐，差异较大，后续需要逐步统一收费标准。

32. 不动产测绘费如何收取？

一、房产测绘费

房产测绘费也属于经营服务性收费，它是房屋权利人在办理房屋登记时委托有关专业技术单位进行房产测绘时所缴纳的费用。和土地使用权交易费一样，目前该项目收费范围和收费标准没有全国统一的规定。

二、土地测绘费

依据 1990 年 7 月 21 日，国家土地管理局、国家测绘局、国家物价局、财政部颁布了《关于土地登记收费及其管理办法》，按照以下标准收取土地测绘费：

"1. 党政机关、团体土地使用面积在 2000 平方米（含 2000 平方米）以下每宗地收 200 元，每超过 500 平方米以内加收 25 元，最高不超过 700 元。

2. 企业土地使用面积在 1000 平方米（含 1000 平方米）以下每宗地收 100 元，每超过 500 平方米以内加收 40 元，最高不超过 4 万元。

3. 全额预算管理事业单位用地执行党政机关、团体收费标准；差额预算管理事业单位土地使用面积在 5000 平方米（含 5000 平方米）以下每宗地收 300 元，每超过 500 平方米以内加收 25 元，最高不超过 1 万元；自收自支预算管理事业单位用地执行企业收费标准。

4. 城镇居民住房用地面积在 100 平方米（含 100 平方米）以下每宗地收 13 元，每超过 50 平方米以内加收 5 元，最高不超过 30 元。

5. 农村居民生活用地面积在 200 平方米（含 200 平方米）以下每宗地收 5 元，200 平方米以上每宗地收 10 元。

6. 凡有土地利用详查成果资料的村农民集体所有土地，国营农、林、牧、园艺、养殖、茶场等用地（不包括内部非农业建设用地），水利工程、矿山、铁路线路、国家储备仓库、国家电台、邮电通信等用地（不包括这些用地内部的管理、生活等建筑用地），必须使用土地利用详查成果资料进行登记发证（指城镇外），每宗地以图幅为单位每幅收 10 元图件编绘资料复制费，免收土地权属调查、地籍测绘费。

7. 学校、福利院、敬老院、孤儿院、免税残疾人企业、无收入的教堂、寺庙、监狱等用地，免收土地权属调查、地籍测绘费。

8. 农村贫困地区及其他因特殊困难需要申请减免土地权属调查、地籍测绘费的，经县、市土地管理部门签署意见，报省、自治区、直辖市土地管理、测绘、物价、财政部门批准。"

33. 如何借鉴海外的不动产登记收费经验？

一、建立费用退还制度

我国台湾地区的"土地登记规则"第51条规定，已缴纳的登记费及书状费，有下列情形之一的，申请人可于3个月内请求退还：①登记申请撤回的；②登记依法驳回的；③其他应予退还的。申请人于3个月内重新申请登记者，可以援用未申请退还之登记费及书状费。申请退费，应于最后一次驳回后3个月内为之。其第52条规定，已缴纳的登记费罚款，除法律法规另有规定外，不得申请退还。[1] 在后续不动产登记收费标准制定的过程中，应当借鉴我国台湾地区的经验，建立不动产登记费用的退还机制，改变不动产登记费用"有去无回"的现状。

二、制定科学合理的收费标准

关于登记费用，日本《不动产登记法》第21条和日本法务省《登记手续费令》规定，登记簿誊本的交付和登记簿的查阅，都必须缴纳一定的费用。根据《登记手续费令》第2条的规定，登记簿誊本的交付，一册一般为400日元。如登记簿超过10页，每5页加收100日元。图纸抄本的交付，如地图或建筑物所在图，按一宗土地或

---

[1] 向明：《不动产登记制度研究》，华中师范大学出版社2011年版，第167~168页。

一栋建筑物计算，均为 200 日元。不动产登记簿可以公开查阅，《登记手续费令》第 3 条规定了查阅的费用，登记簿或其附属文件的查阅费为 200 日元，地图或建筑物所在图的查阅费为每页 200 日元。[1]

这里也提示我们，在规定不动产登记费用时，要考虑不动产登记所耗用的成本，也不见得每一项收费都完全是整齐划一的，关键是要科学合理。可以借鉴日本的按照登记簿的页数来确定收费标准的经验，这样也是较为公平合理的。

34. 为什么不动产权属证书和登记证明应全国统一？

一、权属证书和登记证明是相关登记事项的证据，不能与登记簿相抵触

不动产权属证书包括房屋所有权证、土地使用权证等，它们是登记机构颁发给权利人的证明。对于不直接导致物权变动的登记，如预告登记、异议登记等，则颁发登记证明。权属证书和登记证明应由主管机构统一制作、颁发，应当有统一的格式。[2]

二、不动产权属证书与登记证明须依法制定全国统一的标准

鉴于我国目前存在多种不动产权属证书，其相互之间不统一，加重了权利人的经济负担，加重了市场规范间的矛盾，加剧了不动产管理机关之间的争执。为了改变这种局面，在后续制定不动产登记实施细则的过程中，应当对不动产权属证书、登记证明的制作、格式、更换、补发等制定全国统一的标准，以确保权属证书、登记证明的严肃性和权威性，保障不动产交易的顺利进行。

---

〔1〕 姜雅：“日本不动产登记管理制度特征”，载中国国土资源报网站 http://www.gtzyb.com/guojizaixian/20140217_ 58505. shtml，访问时间：2014 年 11 月 30 日。
〔2〕 孙宪忠主编：《不动产登记条例草案建议稿》，中国社会科学出版社 2014 年版，第 25 页。

第三章　登记程序

35. 不动产登记的一般程序有哪些?

不动产登记程序是指不动产登记主体（包括程序参与者即当事人和程序主导者即登记机构），在不动产登记活动中所遵循的法定步骤和采用的相关手续。[1] 不动产登记程序作为不动产登记制度中的重要组成部分，对实现不动产登记法律制度的宗旨起着举足轻重的作用。不动产登记一般需经过申请、受理、审核、登簿等几个环节。

《土地登记规则》第 6 条规定："土地登记依照下列程序进行：①土地登记申请；②地籍调查；③权属审核；④注册登记；⑤颁发或者更换土地证书。"

《城镇房屋权属登记管理办法》第 10 条规定："房屋权属登记依以下程序进行：①受理登记申请；②权属审核；③公告；④核准登记，颁发房屋权属证书。本条第③项适用于登记机关认为有必要进行公告的登记。"

因此，不动产登记的一般程序需经过六个步骤：一是提出申请（申报，并包括其他登记方式）；二是受理申请（收件）并计征规费；三是审查；四是公告；五是核准登记，登簿并颁发不动产权属证书；六是立卷归档。其中的公告并不是必经的程序，仅仅适用于特定的登记类型。

---

〔1〕 向明：《不动产登记制度研究》，华中师范大学出版社 2011 年版，第 74 页。

36. 不动产登记程序应当遵循哪些原则，以确保程序正义？

在不动产登记程序中应当坚持正当程序原则，即应当坚持程序正义。在不动产登记领域，程序的价值取向反映的是登记程序是否具有正当性。为确保不动产登记程序的正当性，在登记中应当遵循以下原则。

一、程序中立性

中立性是程序的基础，它是指不动产登记机关在登记过程中应在参与者各方之间保持一种超然和不偏不倚的态度和地位。无偏私原则是程序中立性这一最低限度的程序正义要求在不动产登记程序中的具体体现。程序的无偏私是指由中立的裁判者主持程序并做出最终的决定。"裁判者对于程序活动的结果具有某种利益的情形，往往使人们很难相信他们能够公正地主持程序的进行和做出裁决，即便他们事实上做出了'大公无私'或'大义灭亲'的裁决，也无法完全消除人们对结果公正性的怀疑，因为人们往往更愿意相信自己的眼睛……或许主要是这个意义上，我们可以说正义不仅仅应当确实存在，而且应当使人们有理由相信它的存在。"[1]我国是较为典型的熟人社会、关系社会，遇到问题的第一反应就是找熟人、找关系。在这种社会环境之下，不动产登记官在登记程序中保持中立至关重要。哪怕申请人没有任何的熟人和关系，只要申请资料符合相关规定，就应当给予不动产登记，并颁发不动产登记证书或证明。

二、程序公开性

"正义不仅要得到实现，而且必须以人们能看得见的方式得到实

---

[1] 王锡锌：《行政程序法理念与制度研究》，中国民主法制出版社2007年版，第167页。

现。"这句英国法谚蕴涵着程序正义必须遵循公开的原则。在不动产登记的全过程中，程序的公开性要求不动产登记程序运行的每一个阶段和步骤都应以参与人和社会公众看得见的方式进行。程序的公开性要求登记行为必须在公开的场合中进行，登记行为所依据的事实与法律必须公开。按照民主与法治的基本要求来构建登记公开制度。登记机关公开的内容应当包括登记机关的基本情况（法定名称、法定代表人姓名、办公地点、联系方式）、机构设置、人员编制、职责权限、办事流程、登记所需文件及格式、投诉流程等等。对社会公众和利害关系人的公开主要有查阅、复制不动产各种情况（除个人隐私外）的资料；表明身份（登记机构在实地查看所申请登记的不动产有关情况时，应向利害关系人表明执法身份）；说明理由（对于拒绝登记或延缓登记等行为，登记机关不但要把结论告知当事人，而且应当说明做出该结论的事实根据、法律依据和裁量依据或其他理由，当事人对此可以提出咨询）。[1]

三、程序同一性

既然是全国范围内的不动产统一登记，各地不动产登记的程序应当是基本相同的。如果针对同一登记事项，各地的登记流程存在巨大差异，那么势必产生矛盾和冲突，这样的程序肯定是不合理的，并会在整体上削弱程序正义的价值。依法治国要求依法行政，法治建设进程和市场经济建设的基本路径是消除部门利益和地方差异性，建设全国统一、有序、规范的市场环境。这种统一性不仅仅是地理意义上的统一，更重要的是法律意义上的统一。不动产登记的程序同一性就要求在后续的不动产登记实施细则中，应当制定统一的不动产登记操作规程，适用于全国范围内的不动产物权的登记事项，并完备相关的登记流程。在现实中，以不动产物权变动为核心的不

---

〔1〕 向明：《不动产登记制度研究》，华中师范大学出版社2011年版，第80~81页。

动产交易，正日益出现跨越限制的趋势，地域性因素的制约也将被逐渐打破。虽然为了抑制房价、打击投机行为，一些地区出台了一些限购政策，但从长远的眼光来看，随着市场经济改革进一步向前推进，行政命令会逐渐淡出市场，将由市场作为资源配置的决定方式。因此，其他地域的投资者在本地域内进行的购买房屋等不动产物权变动活动将会日益频繁。这种资本流动和人员流动实际也引发着不动产物权的价值流动，要求不动产物权变动不应因所在地域范围的不同而出现不同的登记规则。因此，不动产登记在统一的不动产交易市场的大背景下，应当统一不动产登记程序，这也为登记程序同一性提供了可能条件。

四、程序参与性

程序参与是指当事人能够通过合适方式参与到程序运作中，并在合理限度内决定或者影响程序运行结果。在国家机关主导的不动产登记法律程序中，赋予当事人参与不动产登记程序的机会，意味着直接限制了国家机关的权力，并给当事人和国家机关的互相沟通和互相制约创造了契机。不动产登记的参与性不仅给当事人提供了参与登记程序的机会，当事人实际参与与否完全由当事人自己掌握，他人不能压制当事人的自由意志，并且，当事人的参与在"质"上要有价值，能够对登记程序的最终结果产生实质性的影响，并给该结果提供合理的元素。因此，不动产登记的当事人参与绝不应该成为一种形式。在我国，当事人参与不动产登记应坚持做到以下三点。

（一）程序参与的普遍性

与登记结果有利害关系的人均有参与程序的机会，这要求法律必须为与登记有关的人员提供进入登记程序的通道，给他们表达意见的机会，确保他们的利益能够通过登记得以保障。首先，不动产物权变动的当事人依据物权变动的原因，通过适当渠道引发和进入登记程序。其次，虽然不是不动产物权变动的当事人，但是对物权变动产生的登记结果有利害关系并且对登记结果的真实性提出异议之人，有权提起更正登记程序或异议登记程序。

（二）程序参与的自由性

不动产物权变动当事人以及其他利害关系人是否参与登记程序，完全由其自己决定而不受外力干涉。登记程序依附于不动产物权变动而产生，是否需要物权变动，是否办理登记，何时办理登记，完全属于当事人的私事，是当事人的意思自治，应当由当事人自主决定。

（三）程序参与的制约性

当事人参与程序后，应有切实的机会制约登记机构的职权行为，使得登记机构既有权力进行审查，但又不能恣意妄为，随意干涉当事人的私权利，使得当事人拥有得以主张和维护利益的保障机制，以对抗登记机构的不当行为。首先，登记程序是否启动，主要取决于当事人的意志，取决于当事人何时启动申请程序。登记机构依职权启动的登记程序只能局限在维护公共利益、交易安全和正当经济秩序的限度之内。登记机构依职权做出的行为，也应通知当事人，使得当事人享有了解登记程序和提出意见的机会。其次，登记的内容必须限定在当事人的请求范围之内，当事人的意思确定了登记机构的权限范围，登记机构必须在当事人意思的限度内进行审查和登记。再次，当事人在登记程序能够提出证明自己要求的证据，而且这些证据要构成登记程序运行的主线，登记机构必须围绕这些证据开展登记审查工作，而不能抛开他们自行再调取证据，登记结果要建立在从当事人举出证据中得出的合理推论之上。[1]

37. 不动产登记的申请类型有哪些?

不动产登记的申请类型分为共同申请和单方申请两种。

---

〔1〕 李昊、常鹏翱、叶金强、高润恒：《不动产登记程序的制度建构》，北京大学出版社 2005 年版，第 221～225 页。

一、共同申请

我国不动产登记以共同申请为原则，除非法律另有规定。《暂行条例》第14条第1款规定："因买卖、设定抵押权等申请不动产登记的，应当由当事人双方共同申请。"《房屋登记办法》第12条第1款规定："申请房屋登记，应当由有关当事人双方共同申请，但本办法另有规定的除外。"第13条规定："共有房屋，应当由共有人共同申请登记。共有房屋所有权变更登记，可以由相关的共有人申请，但因共有性质或者共有人份额变更申请房屋登记的，应当由共有人共同申请。"《土地登记办法》第7条规定："土地登记应当由当事人共同申请。"

在不动产登记中，基于合同的不动产物权变动最为常见。这种不动产物权交易往往涉及多个当事人，如房屋买卖合同涉及出卖人和买受人，土地使用权转让合同涉及转让人与受让人，不动产抵押合同涉及抵押人和抵押权人。这些基于合同所发生的不动产物权变动中，往往涉及两方以上的当事人。因此，应当由合同双方共同向登记机构申请登记。只有通过合同双方的共同申请，不动产登记机构才可以通过双方提交的文件资料或者直接询问当事人，查明当事人之间变动不动产物权的意思表示是否真实、自愿，切实查明因该登记而被涉及的民事主体是否对登记表示同意，以最终确保不动产登记的真实、准确、可靠。

二、单方申请

《暂行条例》第14条第2款规定："属于下列情形之一的，可以由当事人单方申请：①尚未登记的不动产首次申请登记的；②继承、接受遗赠取得不动产权利的；③人民法院、仲裁委员会生效的法律文书或者人民政府生效的决定等设立、变更、转让、消灭不动产权利的；④权利人姓名、名称或者自然状况发生变化，申请变更登记的；⑤不动产灭失或者权利人放弃不动产权利，申请注销登记的；

⑥申请更正登记或者异议登记的；⑦法律、行政法规规定可以由当事人单方申请的其他情形。"

《房屋登记办法》第12条第2款规定："有下列情形之一，申请房屋登记的，可以由当事人单方申请：①因合法建造房屋取得房屋权利；②因人民法院、仲裁委员会的生效法律文书取得房屋权利；③因继承、受遗赠取得房屋权利；④有本办法所列变更登记情形之一；⑤房屋灭失；⑥权利人放弃房屋权利；⑦法律、法规规定的其他情形。"

《土地登记办法》第7条规定："有下列情形之一的，可以单方申请：①土地总登记；②国有土地使用权、集体土地所有权、集体土地使用权的初始登记；③因继承或者遗赠取得土地权利的登记；④因人民政府已经发生法律效力的土地权属争议处理决定而取得土地权利的登记；⑤因人民法院、仲裁机构已经发生法律效力的法律文书而取得土地权利的登记；⑥更正登记或者异议登记；⑦名称、地址或者用途变更登记；⑧土地权利证书的补发或者换发；⑨其他依照规定可以由当事人单方申请的情形。"

在不动产的自然状况发生改变或者在其他不涉及他人物权归属、内容的登记事项发生变化时，也可以单方申请登记。例如《房屋登记办法》第36条规定："发生下列情形之一的，权利人应当在有关法律文件生效或者事实发生后申请房屋所有权变更登记：①房屋所有权人的姓名或者名称变更的；②房屋坐落的街道、门牌号或者房屋名称变更的；③房屋面积增加或者减少的；④同一所有权人分割、合并房屋的；⑤法律、法规规定的其他情形。"

38. 哪些人可以代为申请不动产登记？

《暂行条例》第15条第1款规定："当事人或者其代理人应当到不动产登记机构办公场所申请不动产登记。"

一、监护人

无民事行为能力人或限制民事行为能力人无法独自进行不动产登记申请，应由其监护人代为申请。《民法通则》对无民事行为能力人和限制民事行为能力人做出了如下的规定。

第 11 条规定："十八周岁以上的公民是成年人，具有完全民事行为能力，可以独立进行民事活动，是完全民事行为能力人。十六周岁以上不满十八周岁的公民，以自己的劳动收入为主要生活来源的，视为完全民事行为能力人。"

第 12 条规定："十周岁以上的未成年人是限制民事行为能力人，可以进行与他的年龄、智力相适应的民事活动；其他民事活动由他的法定代理人代理，或者征得他的法定代理人的同意。不满十周岁的未成年人是无民事行为能力人，由他的法定代理人代理民事活动。"

第 13 条规定："不能辨认自己行为的精神病人是无民事行为能力人，由他的法定代理人代理民事活动。不能完全辨认自己行为的精神病人是限制民事行为能力人，可以进行与他的精神健康状况相适应的民事活动；其他民事活动由他的法定代理人代理，或者征得他的法定代理人的同意。"

第 14 条规定："无民事行为能力人、限制民事行为能力人的监护人是他的法定代理人。"

《房屋登记办法》第 14 条规定："未成年人的房屋，应当由其监护人代为申请登记。监护人代为申请未成年人房屋登记的，应当提交证明监护人身份的材料；因处分未成年人房屋申请登记的，还应当提供为未成年人利益的书面保证。"这里还要区分两种情况。如果是代未成年人进行的登记行为，可以径直进行，因为这对未成年人来说是获利行为，是赋予未成年人利益。如果是处分未成年人的房屋，那么对未成年人而言就是负担行为，一定意义上是有损未成年人利益的。在这种情况下，应当提供书面证明，说明对不动产的处分是为了维护未成年人的利益。

《土地登记办法》第10条规定："未成年人的土地权利，应当由其监护人代为申请登记。申请办理未成年人土地登记的，除提交本办法第9条规定的材料外，还应当提交监护人身份证明材料。"

无民事行为能力人和限制民事行为能力人主要从几个方面来界定：年龄、精神状态、智力状况等等。这里我们要更多地关注身心障碍者群体，也就是通常说的残障人士。一些身体残疾的年满十八周岁的人，当然是完全民事行为能力人。一些自闭症患者、智力障碍者或其他的心理障碍者，在其向不动产登记机构申请不动产登记时，不动产登记机构应当对其提供辅助，并给予更大的便利。对其中属于无民事行为能力人、限制民事行为能力人的，要由其监护人代为申请不动产登记；对于尚不属于无民事行为能力人、限制民事行为能力的，不动产登记机构应当指定专人为其提供帮助。对其他弱势群体，在申请不动产登记时也应提供相应的帮助。

二、代理人

《暂行条例》第15条中规定的是当事人"或者"其代理人应当到不动产登记机构现场申请不动产登记，而不是"和"。因此，当事人可以对代理人特别授权，由代理人一人向不动产登记机构申请登记，而当事人本人可以不出面。而我国台湾地区与大陆的规定并不相同，原则上登记当事人尤其是登记义务人要亲自到场申请登记（我国台湾地区"土地登记规则"第40条）。只有在例外的情形下才可以委托他人代为申请登记（我国台湾地区"土地登记规则"第41条）。《暂行条例》并未以当事人亲自到场登记为原则，而是既允许当事人亲自当场登记，也允许委托他人代为申请登记。《房屋登记办法》第15条第2款规定："委托代理人申请房屋登记的，代理人应当提交授权委托书和身份证明。境外申请人委托代理人申请房屋登记的，其授权委托书应当按照国家有关规定办理公证或者认证。"《土地登记办法》第11条规定："委托代理人申请土地登记的，除提交本办法第 9 条规定的材料外，还应当提交授权委托书和代理人身份证明。代理境外申请人申请土地登记的，授权委托书和被代理人身份证明应当经依法公证或者认证。"

在代为申请登记中，登记申请人是委托人，而代为申请人是受托人。受托人可以是自然人、法人，也可以是不动产登记的另一方申请人或者其他具有完全民事行为能力之人。由于不动产登记申请中，申请人向登记机构作出的意思表示并不等同于法律行为中的意思表示，因此在不动产登记中虽然将代为申请也称为"代理申请"，但是该代理并非是民事法律行为的代理。代为申请中，申请人与代为申请人之间存在的是委托合同关系，不发生代理权的授予。代为申请人仅仅是受登记申请人的委托为其处理不动产登记事务而已。2014 年 8 月 12 日，国务院官网发布了《国务院关于取消和调整一批行政审批项目等事项的决定》，取消了土地登记代理人职业资格在内的 11 项职业资格许可和认定事项。在房屋登记中尚未建立专门的房屋登记申请代理人制度，在目前简政放权的大背景下，也不可能增设这类职业资格的许可和认定。实践中，多由房地产公司或房地产经营机构或普通公民作为不动产登记的代为申请人。但是，无论如何让专业的代理人员或机构代当事人申请不动产登记应当是被支持和鼓励的。毕竟应当让专业的人，做专业的事。这样可以提高登记的效率，减少登记的成本。同时，应当加大不动产登记代理机构行业协会的建设，以便统一代理工作标准、确保代理工作质量，加大对代理机构的监督和管理力度。

39. 不动产登记申请是否可以撤回？

《暂行条例》第 15 条第 2 款规定："不动产登记机构将申请登记事项记载于不动产登记簿前，申请人可以撤回登记申请。"

一般而言，我国的不动产登记的启动坚持"依申请"原则，即先有当事人的申请，才会有不动产登记机构的审核，最后由不动产登记机构根据审核的情况决定是否颁发不动产登记证书或证明。依据该申请原则，当事人向登记机构提出申请，是其自主自愿的，完全由其自己的意思来决定。既然当事人可以启动不动产登记程序，当然也可以在过程中撤回申请，只要登记尚未完成，即不动产登记事项尚未记载入不动产登记簿。申请人既可以在申请登记的意思表示生效之前撤回，即在申请登记的意思表示到达登记机构之前撤回，也可以在申请登记的意思表示到达登记机构但登记机构尚未完成登记程序之前撤回。这里还要区分两种情况。在单方申请登记的情况下，登记尚未完成，申请人撤回登记申请的，登记机构应当允许；在多方当事人共同提出申请的，仅有一方当事人要求撤回登记申请的，登记机构不应允许，单方的撤回不应影响登记程序，即登记程序应当继续进行。只有共同申请的各方当事人一致要求撤回申请的，不动产登记机构才应准许。撤回申请既可以是完全撤回，也可以是部分撤回，无论何种，均在否定或修改已提出的申请，因此，申请和申请的撤回是相对立的意思表示，在形式上应当相当。[1]

40. 不动产登记应提交哪些材料？

《物权法》第 11 条规定："当事人申请登记，应当根据不同登记事项提供权属证明和不动产界址、面积等必要材料。"第 12 条第 2 款规定："申请登记的不动产的有关情况需要进一步证明的，登记机构可以要求申请人补充材料，必要时可以实地查看。"

《暂行条例》第 16 条规定："申请人应当提交下列材料，并对申请材料的真实性负责：①登记申请书；②申请人、代理人身份证明材料、授权委托书；③相关的不动产权属来源证明材料、登记原因证明文件、不动产权属证书；④不动产界址、空间界限、面积等材

---

〔1〕 常鹏翱：《不动产登记法》，社会科学文献出版社 2011 年版，第 103 页。

料；⑤与他人利害关系的说明材料；⑥法律、行政法规以及本条例实施细则规定的其他材料。不动产登记机构应当在办公场所和门户网站公开申请登记所需材料目录和示范文本等信息。"

不同的不动产类型在不动产登记时所提交的材料不尽相同。但申请材料可以分为身份证明、登记申请书、不动产的自然状况、登记原因证明文件、与他人利害关系的说明材料等等。

41. 自然人应提交哪些身份证明文件？

一、我国大陆公民

我国大陆公民应当向登记机构提交居民身份证。没有身份证的，可以提交其他有效的身份证明，例如护照、军官证、士兵证、户口簿等公民身份证明文件。《居民身份证法》第2条规定："居住在中华人民共和国境内的年满十六周岁的中国公民，应当依照本法的规定申请领取居民身份证；未满十六周岁的中国公民，可以依照本法的规定申请领取居民身份证。"未满十六周岁的中国公民，如果已经申领了居民身份证，应当在申请不动产登记时提交居民身份证；尚未申领居民身份证的，可以提交户口簿、出生医学证明书或者其他证明文件。

二、港澳台同胞

我国香港、澳门特别行政区的居民申请不动产登记的，应当向登记机构提交香港、澳门特别行政区身份证或港澳同胞回乡证或来往内地通行证。我国台湾地区居民申请不动产登记的，应向登记机构提交来往大陆通行证、旅行证或经确认的身份证。

三、外国人

外国人申请不动产登记的，应当向登记机构提交经公证、认证的身份证明或护照、外籍人士在中国的居留证件。无外国人居留证件的，提交中国公证机构公证的护照中文译本原件。

42. 法人应提交哪些身份证明文件？

一、我国企业法人

申请不动产登记时，应当向不动产登记机构提交企业法人营业执照或登记证书、组织机构代码证。《组织机构代码管理办法》第3条规定："本办法所称组织机构，是指依法设立的机关、企业、事业单位，社会团体以及其他组织机构。本办法所称组织机构代码，是指根据代码编制规则编制，赋予每一个组织机构在全国范围内唯一的、始终不变的识别标识码。本办法所称组织机构代码证书，是指组织机构代码识别标识的载体和法定凭证，分为正本和副本；正本为纸质证书，副本包括纸质证书和电子证书。"

二、机关法人、事业单位法人和社会团体法人

申请不动产登记时，应当提交登记证书，即《事业单位法人证书》、《社会团体法人登记证书》和组织机构代码。

三、外国法人

申请不动产登记时，既应当向登记机构提交有关的登记证明，如在注册地公证并经过我国驻该国的使、领馆认证的公司注册文件，还需要提交该外国法人在我国境内设立的代表机构的登记证和代表证。《外国企业常驻代表机构登记管理条例》第17条规定："登记机关应当将代表机构登记事项记载于代表机构登记簿，供社会公众查阅、复制。"第18条规定："代表机构应当将登记机关颁发的外国企业常驻代表机构登记证（以下简称登记证）置于代表机构驻在场所的显著位置。"第19条规定："任何单位和个人不得伪造、涂改、出

租、出借、转让登记证和首席代表、代表的代表证（以下简称代表证）。"因此，外国法人申请不动产登记，需要提交驻华代表处代表机构的登记证和代表的代表证。

43. 其他组织应提交哪些身份证明文件?

其他组织是指法人之外的其他组织体，包括合伙组织与其他非法人团体。合伙组织包括合伙企业、合伙型联营企业、律师事务所、会计师事务所、税务师事务所等其他合伙组织。非法人的其他组织申请不动产登记，也应提交相关部门对其认证的身份证明文件。其他非法人团体包括法人的分支机构、个人独资企业等。企业法人的分支机构，虽然在工商行政管理部门申领了营业执照，但是其不具备法人资格，也不能独立承担民事责任，应当由其所属的企业法人作为不动产登记的申请人。

《个人独资企业法人》第2条规定："本法所称个人独资企业，是指依照本法在中国境内设立，由一个自然人投资，财产为投资人个人所有，投资人以其个人财产对企业债务承担无限责任的经营实体。"由于个人独资企业的财产与出资人的个人财产并没有实现完全的分离，个人独资企业的财产为出资人个人所有，因此，个人独资企业不能作为不动产登记的申请人。当个人独资企业取得不动产时，应当由投资人作为申请人，向不动产登记机构申请登记，将不动产登记在出资人个人名下。

44. 为什么应当编制全国统一的登记申请书?

登记申请书是所有类型的不动产登记中所必备的文件。登记申请书是由登记机构制作的，登记申请人填写的，记载登记事项的文书。登记申请书在不动产登记中起到如下的作用。

一是登记申请书表明了当事人有申请登记的意思表示。不动产登记以申请为基本原则，除非法律另有规定，如嘱托登记，否则登记机构不得依职权主动进行登记。当事人申请是启动不动产登记的第一步。

二是登记申请书中记载的申请登记的事项划定了登记机构的审查范围。登记机构既不能缩小该范围进行登记，也不得超越该范围进行登记，否则就属于滥用职权和超越职权的违法行为。

《暂行条例》将各种类型的不动产登记都划归统一登记。国家不动产登记局应当根据各种不动产的实际，编制全国统一的不动产登记申请书，以实现不动产登记的真正统一。

45. 为什么要说明不动产的自然状况？

申请人应当向不动产登记机构提供该不动产的界址、空间界限、面积等材料，应当向不动产登记机构说明不动产现在的自然状况，以便不动产登记机构依据提交的材料，在必要的时候进行实地查看。

46. 应当提交哪些登记原因证明文件？

登记原因证明文件是指用以证明导致不动产物权变动的法律事实成立或发生的书面文件，包括合同和其他证明文件。

一、合同

发生不动产物权变动，往往是当事人之间签订有关设立、变更、转让和消灭不动产的合同所引起的。因此合同是证明不动产物权变动的最重要的证明文件之一。这类合同有买卖合同、赠与合同、抵押合同、土地使用权出让合同等等。《房屋登记办法》第33条规定："申请房屋所有权转移登记，应当提交下列材料：①登记申请书；②申请人身份证明；③房屋所有权证书或者房地产权证书；④证明房屋所有权发生转移的材料；⑤其他必要材料。前款第④项材料，可以是买卖合同、互换合同、赠与合同、受遗赠证明、继承证明、分割协议、合并协议、人民法院或者仲裁委员会生效的法律文书，或者其他证明房屋所有权发生转移的材料。"

因此，第④项的证明房屋所有权发生转移的材料，很多情况下都是以合同的形式体现出来的。

《房屋登记办法》第43条规定："申请抵押权登记，应当提交下列文件：①登记申请书；②申请人的身份证明；③房屋所有权证书或者房地产权证书；④抵押合同；⑤主债权合同；⑥其他必要材料。"

这里的抵押合同和主债权合同是抵押权设立的证明文件，也是以合同的形式体现的。

二、其他登记原因证明文件

一是，证明单方法律行为存在的登记原因证明文件，如物权人放弃物权、抵押权人放弃抵押权的书面文件。这种单方法律行为只需要当事人一方做出相应的意思表示。

二是，证明继承、遗赠、赠与事实存在的登记原因证明文件。这类文件在我国主要是公证机关出具的公证书。参考国外的经验，律师可以对继承、遗赠、赠与的事实进行见证。很多国家的不动产登记机构认为律师出具的见证书的效力等同于公证机关出具的公证书。不动产登记机构可以凭借律师见证书来进行相应的不动产登记。后续的不动产登记细则中应当吸纳这一经验，认可律师见证书的证明效力。

三是，在因人民法院、仲裁委员会的法律文书或者人民政府的征收决定等，导致物权设立、变更、转让或者消灭时，登记原因证明文件就是指该法律文书或者人民政府的征收决定。

四是，合法建造房屋而取得房屋所有权申请首次登记时，登记原因证明文件是指建设用地使用权证明、建设工程符合规划的证明以及房屋已竣工且验收合格的证明、消防安全合格证明等。

47. 为什么要提交与他人利害关系的证明材料?

不动产登记是对不动产物权的确认,简单说就是确认不动产物权的归属,即该不动产及其权利归谁所有。不动产登记的前提是该不动产具有确定性。该确定性既是指在物理形态上,该不动产是独立的、边界清楚的,又是指在法律状态上也是没有权属争议的。因此,在不动产物权登记时,应当向不动产登记机构提交材料说明该不动产是"干干净净"的不动产,与其他利害关系人无涉。

48. 什么是不动产登记申请的顺位?

不动产登记的顺位简单的理解就是申请不动产登记也有个"先来后到"。针对同一项不动产权利,如果有两个以上的申请人申请登记,以受理时间为根据,先受理的先办理,如果先受理的申请经过审查最终进行了不动产登记,那么后面的申请人就不能再就该不动产权利申请登记。如果先受理的申请经过不动产登记机构的审查,但不动产登记机构决定不予登记,那么不动产登记机构可以继续审查后受理的申请,如果后受理的申请经审查通过,符合不动产登记的各项要件,则可以记入不动产登记簿并颁发不动产登记证书或证明。

由于不动产资源总是稀缺的,受不动产资源紧缺的客观条件制约,针对同一不动产权利,可能会出现申请者竞合。这要求不动产登记不仅要反映权利的实体构造要素,还要反映权利实现的机会和风险,从而理顺同一不动产上存在的数个申请者之间的关系。在登记中应当在不同的申请者之间确立有条不紊的竞争机制和实现顺序,这就是所谓的顺位制度。不动产以登记为公示手段,无须转移物的占有,这为不同申请人申请同一不动产物权提供了法律技术上的可能性。但是这些物权的总需求或者总价值超越不动产本身的供给能量或价值时，受物权绝对性和排他性的影响，它们会在权利的产生和实现上产生竞争关系。[1]如何协调这一关系，就是必须面对和解决的问题。从古老的规则和既有的经验来看，"先到者先得"的排队规则是妥当解决这种申请竞合或申请冲突的途径。

49. 收到登记申请材料后，不动产登记机构如何分门别类进行快速处理？

《暂行条例》第17条规定："不动产登记机构收到不动产登记申请材料，应当分别按照下列情况办理：①属于登记职责范围，申请材料齐全、符合法定形式，或者申请人按照要求提交全部补正申请材料的，应当受理并书面告知申请人；②申请材料存在可以当场更正的错误的，应当告知申请人当场更正，申请人当场更正后，应当受理并书面告知申请人；③申请材料不齐全或者不符合法定形式的，应当当场书面告知申请人不予受理并一次性告知需要补正的全部内容；④申请登记的不动产不属于本机构登记范围的，应当当场书面告知申请人不予受理并告知申请人向有登记权的机构申请。不动产登记机构未当场书面告知申请人不予受理的，视为受理。"

对于不动产登记的立案，提出几点建议。

一是，建立立案登记制度。党的十八届四中全会发布的《中共中央关于全面推进依法治国若干重大问题的决定》指出："改革法院案件受理制度，变立案审查制为立案登记制，对人民法院依法应该受理的案件，做到有案必立、有诉必理，保障当事人诉权。"这是我国法院立案制度的重大改革，也体现了立案理念的根本转变。这一点值得不动产登记立案的借鉴。我国的不动产登记也应当变立案审查制为立案登记制。不动产登记机构对申请人所有的不动产登记申

---

[1] 李昊、常鹏翱、叶金强、高润恒：《不动产登记程序的制度建构》，北京大学出版社2005年版，第201页。

请都应当接收，这样会顺畅不动产登记的通道，树立国家不动产登记机构的权威。但立案登记并不等于立案受理。对于已经接收的不动产登记立案申请，应当区别对待、具体问题具体分析。对于符合受理条件的，应当受理，并进入不动产登记的审查程序；对于不属于不动产登记机构的受案范围或者不符合受理条件的，应当书面告知申请人不予受理，并说明不予受理的理由。

二是，不动产登记机构在接收申请人的申请材料之后，应当给申请人书面的回执，回执上应当明确记载接收材料的时间、接收材料的名称、页码，并由接收材料的工作人员签字。经明确的立案接收材料记载后，可以确定申请人提交材料的时间、提交材料的名称，以便监督不动产登记机关及时就是否受理、如果受理是否需要补充材料做出回应。

《暂行条例》规定不动产登记机构未当场告知申请人不予受理的即视为受理，这是一个巨大的进步。这也增加了不动产登记机构的告知义务，而且告知也必须用书面的形式。

三是，不动产登记机构在立案理念上，应当变管理为服务。不应对当事人申请不动产登记设置种种障碍，不应毫无意义地折腾申请人，应当告知的要一次性告知申请人，为申请人提供权威的信息，为当事人的申请最大限度地提供便利。

50. 不动产登记机构对哪些方面进行查验？

《暂行条例》第18条规定："不动产登记机构受理不动产登记申请的，应当按照下列要求进行查验：①不动产界址、空间界限、面积等材料与申请登记的不动产状况是否一致；②有关证明材料、文件与申请登记的内容是否一致；③登记申请是否违反法律、行政法规规定。"

我国的不动产登记在物权确认、变动中具有公示效力和公信效力，一经不动产登记，就确认申请人具有了不动产物权。因此，要求不动产登记簿真实、准确地体现不动产自然状况，做到自然状况与权利状况的高度一致。为了确保登记簿的真实性和准确性，登记机构应当对登记申请加以审查。所谓不动产登记机构的审查是指登记机构受理了当事人的不动产登记申请后，履行相应的审查义务，从而确保只有符合不动产登记法律、法规要求的登记申请，才能被记载于不动产登记簿之中。[1]

51. 为什么不动产登记审查采用形式审查、实质审查相结合的原则？

一、物权法关于审查原则的争论

《物权法》第12条规定："登记机构应当履行下列职责：①查验申请人提供的权属证明和其他必要材料；②就有关登记事项询问申请人；③如实、及时登记有关事项；④法律、行政法规规定的其他职责。申请登记的不动产的有关情况需要进一步证明的，登记机构可以要求申请人补充材料，必要时可以实地查看。"

在我国《物权法》立法时，对不动产登记究竟是采用形式审查的原则还是实质审查的原则，有过争论。有人认为，登记机构应当对登记申请进行实质审查，以避免错误登记。有人认为，登记机构的审查主要是形式审查，实质审查是没有能力做到的。形式审查就是登记机构不审查登记申请是否与实体法上的权利关系一致，而仅审查登记申请在登记手续、提供材料等方面是否合法、齐备。实质审查则是不仅审查登记申请在登记手续上是否合法，还要审查其是否与实体法上的权利关系一致，实体法上的权利关系是否有效。有学者则从登记机构的调查权限上界定实质审查，即登记机构接受了

---

〔1〕 程啸：《不动产登记法研究》，法律出版社2011年版，第286页。

登记申请之后，应当对登记内容进行询问和调查，以确保登记内容的真实性。还有的学者认为登记机构的审查权限及于不动产物权变动的原因关系的，就是实质审查；反之，就是形式审查。[1]

二、从应然的角度，应当采用形式审查原则

（一）不动产登记机构无权审查不动产物权交易的真实性与有效性

形式审查和实质审查的根本区别是不动产登记机构是否应当对当事人不动产物权交易的真实性、有效性进行审查；登记机构是否应当审查当事人之间设立、转让、变更、消灭不动产物权的合同的真实性与有效性。不动产登记机构既无权审查当事人之间引发不动产物权变动的合同真与假，也不应审查当事人实体法上变动不动产物权的意思表示是否真实。首先，按照法治的精神，行政权和司法权在功能上是有区别的。对于民事合同是否真实、有效的宣告，并不是行政机关的行政权力所能企及的，而只有人民法院或仲裁机构才有权确认合同的效力。一味要求不动产登记机构去审查当事人的不动产物权交易的真实性与有效性，必然导致行政权僭越权力的边界，不当地干预民事法律关系，这显然超过了登记机构的权力范围和边界。

（二）不动产登记机构目前尚不能审查所有的登记申请材料的真实性

由于民众对法律还远未达到非常敬畏的水平，社会诚信体系尚未完全建立起来，申请人不讲诚信的现象还屡见不鲜，诸如伪造申请人签字、为出卖作为夫妻共同财产的房屋伪造一方授权其出卖的签字、制作假的公文证件等层出不穷。对于这种伪造的签字，哪怕在法院诉讼和仲裁程序中，专业定纷止争的法官和仲裁员也无从判

---

[1] 胡康生主编：《中华人民共和国物权法释义》，法律出版社 2007 年版，第 47 页。

断其真实性，也需要交由更加专业的司法鉴定机构去评判。现实生活中的不动产登记是纷繁复杂的，不动产登记机构目前尚不具备专业的能力去审查所有登记申请材料的真实性。在制定《物权法》的讨论中，"多数意见认为，登记机构不是营利性组织，目前我国各地的不动产登记机构，尤其是房产登记机构，从事的登记工作一般也只是对登记申请人提供的有关材料是否符合规定的条件进行审核"。[1]

（三）法律已经明确了不动产登记错误的纠错机制

不动产经登记之后的结果并不是铁板一块、一成不变的。在不动产登记机构采取形式审查的情况下，如果出现登记错误，也有可以弥补的渠道，可以通过在法律上确立相应的制度弥补形式审查的缺陷，如更正登记、异议登记、公证制度、保险制度以及赔偿程序等等。[2]因此采用形式审查最重要的原因是不动产登记是一个系统，是一个整体，应当有其他制度保障形式审查的正确性。

（四）形式审查是提高登记效率的需要

允许甚至要求登记机构对实体法上的合意加以审查，势必会极大地增加登记机构的负担，使登记机构在完成繁重的登记工作的同时，不得不应对各种行政诉讼，严重降低登记效率。[3]

三、从实然的角度，应当采用形式审查、实质审查相结合的原则

目前，我国不动产登记机构的人员素质、专业化水平还有待于

---

[1] 胡康生主编：《中华人民共和国物权法释义》，法律出版社 2007 年版，第 66 页。

[2] 朱岩："形式审查抑或实质审查——论不动产登记机关的审查义务"，载《法学杂志》2006 年第 6 期。

[3] 广州市国土资源和房屋管理局编：《房地产登记行政诉讼典型案例汇编》，内部资料 2008 年印刷，第 7 页。转引自程啸：《不动产登记法研究》，法律出版社 2011 年版，第 296 页。

进一步提高。虽然目前我国也有不动产登记纠错机制，但还缺乏配套制度，没有建成系统工程。例如，《房屋登记办法》第81条规定："司法机关、行政机关、仲裁委员会发生法律效力的文件证明当事人以隐瞒真实情况、提交虚假材料等非法手段获取房屋登记的，房屋登记机构可以撤销原房屋登记，收回房屋权属证书、登记证明或者公告作废，但房屋权利为他人善意取得的除外。"但目前的纠错机制多数还是孤立的、单个的，还没有形成一套完备的系统。因此，目前的不动产登记审查应当采用形式审查、实质审查相结合的原则。

52. 何种情况下不动产登记机构可以实地查看？

《暂行条例》第19条规定："属于下列情形之一的，不动产登记机构可以对申请登记的不动产进行实地查看：①房屋等建筑物、构筑物所有权首次登记；②在建建筑物抵押权登记；③因不动产灭失导致的注销登记；④不动产登记机构认为需要实地查看的其他情形。对可能存在权属争议，或者可能涉及他人利害关系的登记申请，不动产登记机构可以向申请人、利害关系人或者有关单位进行调查。不动产登记机构进行实地查看或者调查时，申请人、被调查人应当予以配合。"

首先，该条体现了不动产登记的审慎原则以及形式审查、实质审查相结合的原则。房屋所有权首次登记涉及房屋的确权，在建建筑物抵押权登记涉及建筑物的施工进度以及后续的抵押权能否实现，因不动产灭失而导致的注销登记涉及不动产是否真正的灭失、是否应当对不动产物权进行注销。总之，以上几种情况涉及当事人的切身利益，而且不动产的情况比较复杂，如果稍有不慎，就可能出现登记错误。因此，应当在必要的时候进行实地查看，进行相应的实质审查，以便对形式审查进行一些必要的弥补。

其次，在必要的时候，不动产登记机构可以依职权进行调查。对可能存在权属争议，或者可能涉及他人利害关系的登记申请，不动产登记机构应当更加审慎。如果不动产登记机构对申请人的各项不动产登记信息进行了相关的调查核实，去倾听申请人和利害关系人的意见，在必要的时候向有关国家机关进行调查核实，经过这些实质意义上的审查，就可以将不动产登记做扎实。这样的不动产登记在一定意义上讲，就可以通过登记起到定纷止争、防患于未然的作用。

53. 何种情况下应当不予登记？

《暂行条例》第22条规定："登记申请有下列情形之一的，不动产登记机构应当不予登记，并书面告知申请人：①违反法律、行政法规规定的；②存在尚未解决的权属争议的；③申请登记的不动产权利超过规定期限的；④法律、行政法规规定不予登记的其他情形。"该条对不动产登记设立了几个前提条件。

一、不动产必须合法

（一）不动产本身必须符合法律的规定

一些违法取得、建造的不动产，不能进行登记。举例而言，为改善城市环境，提高城市居民的居住条件，各地都在推进城中村和棚户区的改造。在拆迁之前，一些当事人擅自私搭乱建，试图扩大房屋面积，以获取更高的拆迁补偿。显然，这些私搭乱建的建筑物，并没有经过规划、建设、房地产部门的审批程序，应当依法认定为违章建筑。如果当事人就这些建筑物试图向不动产登记部门申请登记，显然不动产登记机构不应当准予登记。

（二）不动产登记应当符合相关的形式要件，符合不动产登记的程序

在申请不动产登记时，应当按照要求报送相关的材料，应当遵循不动产登记的程序，接受不动产登记机构的相关审查。例如，应

当几个当事人共同申请的不动产登记，但只有一个当事人申请，就不符合法定的申请要件，不动产登记机构有权不予登记。根据需要，不动产登记机构要求对不动产进行实地查看，但申请人不予配合，致使不动产登记机构的工作人员不能进入现场进行查看的，不动产登记机构也有权不予登记。

二、不动产没有权属争议

不动产登记很重要的一项功能就是确定不动产的权利归属，简单说就是确权。如果申请人就不动产的权利与利害关系人或其他人尚存争议，则该不动产的权属还存在不确定的状态。这时不动产登记机构显然不应予以登记。当事各方应当将该争议交由人民法院或仲裁机构裁判，或由人民调解机构调解，或各方当事人和解并对不动产权属做出相应的安排。总之，只有该不动产的权属争议得以解决，不动产权属确定之后，不动产登记机构才能予以确认并登记。当然，当事人在申请不动产登记时，纵使有尚未解决的不动产争议，不动产登记机构也应当受理，只要申请人在不动产登记机构最后的审查期限之前解决争议，就可以对该不动产进行登记并颁发相应的权利证书或证明。换言之，是否存在权属争议不应当成为申请不动产登记时的审查要件。

三、不动产权利应当在规定的有效期内

例如，在房屋抵押权登记中，申请登记时已经超过了主合同规定的期间或者已经超过了抵押合同规定的期间，这时再向不动产登记机构申请房屋抵押权登记，不动产登记机构肯定会做出不予登记处理。

不予登记的，不动产登记机构应当书面通知当事人，并说明不予登记的理由。《林木和林地权属登记管理办法》第13条就规定："对不予登记的申请，登记机关应当以书面形式向提出登记申请的林权权利人告知不予登记的理由。"

54. 不动产登记机构办理登记的最长期限是几天?

《暂行条例》第 20 条规定:"不动产登记机构应当自受理登记申请之日起 30 个工作日内办结不动产登记手续,法律另有规定的除外。"

一、所有不动产登记都应统一为 30 个工作日

《房屋登记办法》第 23 条、《土地登记办法》第 19 条对房屋登记和土地登记规定了不同的登记期限。按照新法优于旧法的原则,各项不动产登记都应当执行最长 30 个工作日必须办结的标准。在《暂行条例》生效后,各项不动产登记的最长期限都应当统一为 30 个工作日。

二、30 个工作日应当是一个不变期间

虽然有些不动产登记较为复杂,情况也可能较为特殊,但不动产登记机构要充分发挥潜力、提高效率,确保 30 个工作日内办结,不得延期。这里要说明两点:首先,办结时间的起算点不是从不动产登记机构收到登记材料时起算,而是从受理登记申请之日起算;其次,30 日不是 30 个自然日,而是 30 个工作日,一般情况下,30 个工作日内必须办结。这里只有一个例外,就是法律、行政法规另有规定的除外。按照我国《立法法》的规定,法律由全国人大及其常委会审议通过,行政法规由国务院审议通过。除此之外的其他法律文件,如部门规章、地方性法规等,都不能规定延长不动产登记机构的办理期限。这也符合我国简政放权、提高行政效率的总体要求。

55. 对登记机构不予受理、不予登记、超期未办结的,是否可以提起行政复议或行政诉讼?

没有救济,就没有权利。当事人向不动产登记机构申请不动产

登记，但是不动产登记机构不予受理、受理后不予登记或者超过 30 个工作日的法定期限没有办结的，应当属于影响当事人切身利益的具体行政行为，应当赋予当事人救济的手段。按照我国《行政复议法》的规定，当事人应当可以提起行政复议。

《行政复议法》第 6 条规定："有下列情形之一的，公民、法人或者其他组织可以依照本法申请行政复议：……（八）认为符合法定条件，申请行政机关颁发许可证、执照、资质证、资格证等证书，或者申请行政机关审批、登记有关事项，行政机关没有依法办理的。"

《行政诉讼法》第 2 条规定："公民、法人或者其他组织认为行政机关和行政机关工作人员的具体行政行为侵犯其合法权益，有权依照本法向人民法院提起诉讼。"不动产登记机关不予受理造成当事人的申请根本不能进入审核的程序，受理后不予登记造成申请人试图获得不动产登记权利证书或证明的目的落空，超过 30 天没有办结是一种行政不作为的行为。以上三种情况从根本上已经极大地影响到了当事人的权利。最高人民法院于 2010 年 8 月 2 日颁布的《关于审理房屋登记案件若干问题的规定》第 1 条明确规定："公民、法人或者其他组织对房屋登记机构的房屋登记行为以及与查询、复制登记资料等事项相关的行政行为或者相应的不作为不服，提起行政诉讼的，人民法院应当依法受理。"

十二届全国人大常委会第六次会议在审议《行政诉讼法》修正案草案时，常委会委员和列席人员普遍对草案扩大受案范围表示赞同。同时，一些委员建议，进一步扩大行政诉讼受案范围，将行政机关不作为行为纳入本法调整范围。[1] 2014 年 11 月 1 日，全国人民代表大会常务委员会颁布了《关于修改〈中华人民共和国行政诉讼法〉的决定》，修改后的《行政诉讼法》将于 2015 年 5 月 1 日起

---

〔1〕"全国人大常委会委员建议进一步扩大行政诉讼受案范围对行政机关不作为行为可起诉"，载中国人大网 http://www.npc.gov.cn/npc/xinwen/lfgz/lfdt/2014-03/21/content_ 1857209. htm，访问时间：2014 年 12 月 8 日。

施行。这为当事人在不动产登记中更好地寻求行政法上的救济创造了良好的环境。因此，不动产登记的实施细则中，应当明确在不动产登记机构不予受理、不予登记、超期未办结的情况下当事人维权和救济的渠道和具体程序。不然，当事人申请不动产登记的权利将会被架空。

56. 不动产登记有几种类型？

《暂行条例》第3条规定："不动产首次登记、变更登记、转移登记、注销登记、更正登记、异议登记、预告登记、查封登记等，适用本条例。"

因此，不动产登记可以分为首次登记、转移登记、变更登记、注销登记、预告登记、更正登记、异议登记、查封登记、信托登记、嘱托登记等类型。

57. 什么是总登记？

不动产登记机构为完成辖区全部不动产或者特定区域、特定类型不动产的登记，可以在一定时间内组织进行总登记。以土地为例，土地总登记是指登记机关在一定的时间内对全国或者某个地区的土地资源以及土地权利的状况进行的全面、统一的登记，通常是国家为了了解土地资源和土地权利的状况而进行的。[1]

58. 什么是首次登记？

首次登记，顾名思义就是不动产物权的第一次登记，又称初始

---

〔1〕 许明月、胡光志等：《财产权登记法律制度研究》，中国社会科学出版社2002年版，第190页。

登记。权利人取得该不动产物权的方式是原始取得，而非继受取得。也就是说，权利人事实上已经是不动产的"物权人"，但还没有经过登记进行确认。因此，申请首次登记时只可能由权利人单方提出申请，不存在共同申请的问题。

首次登记又包括集体土地所有权首次登记、土地承包经营权首次登记、农用地使用权首次登记、国有建设用地使用权首次登记、集体建设用地使用权首次登记、宅基地使用权及村民房屋所有权首次登记、房屋所有权首次登记、建筑物区分所有权共有部分首次登记、森林林木所有权首次登记、海域使用权首次登记、地役权首次登记、抵押权首次登记等等。

59. 总登记与首次登记的联系与区别?

一、二者的联系

总登记和首次登记既有联系又有区别。总登记时发生的新建房屋、新增土地等情形应纳入总登记的范畴，而总登记时未予登记的土地、房屋等在其后进行登记时则属于首次登记的范畴。

二、二者的区别

（一）目的不同

首次登记是指不动产物权的第一次登记，属于登记机构日常办理的一种登记类型。不动产总登记则是一种具有普查性质的登记，其目的在于使登记机构能更加清晰、准确、全面地掌握本行政辖区内的不动产及其权属状况。因此，总登记并非是登记机构日常从事的登记活动。

（二）整体性与个体性的不同

总登记具有整体性，它是于一定时期在一定地域内对所有的土地和房屋的自然状况和权属情况进行的集中、普遍性登记，登记的期限和登记的过程都由登记机构予以统一安排，旨在获得对所有不动产情况的了解，建立翔实完善的地籍资料。与之相对应的，首次登记是零星、单独进行的登记，它针对的是个别的土地和建筑物，其目的是将未予登记的土地或建筑物纳入登记，以保证地籍资料的完整和准确。[1]

（三）性质不同

总登记是一种依法进行的强制性登记。为了能够确切地掌握不动产登记机构管辖行政区域内不动产及权属状况，无论不动产及其上面的权利是否已经进行了登记，也无论不动产物权是否发生变动，不动产登记机构都应在总登记规定的期限内进行登记。而首次登记并非强制登记，一般情况而言，首次登记是以当事人的申请为前提的。当事人可以向不动产登记机构申请进行首次登记，也可以不申请首次登记。首次登记与否，并不影响不动产物权事实上的权利归属。例如，合法建造的房屋只要建造完成，即便没有办理首次登记，当事人在事实上也已经取得了该房屋的所有权。不进行不动产首次登记，并不影响当事人对房屋事实上的占有和控制，而只是其无法进行相应的处分，或者即便处分也不能进行法律意义上的产权变更。[2]

（四）登记的稳定性不同

总登记的法律效力具有稳定性，它仅在不动产产籍资料不完整、散乱的情况下才进行，一经实行，则具有长期的稳定性，不能也无须经常进行，对总登记后发生的不动产自然状况和权属状况的变动则交由经常登记来处理。所以总登记是和经常登记相对称的一种登记制度。而首次登记则是一种经常登记，是登记机构的日常登记工作的内容。

---

〔1〕 向明：《不动产登记制度研究》，华中师范大学出版社 2011 年版，第 114 页。

〔2〕 程啸：《不动产登记法研究》，法律出版社 2011 年版，第 324 页。

（五）总登记不必然是第一次登记

总登记可以是对以前已进行过的不动产登记进行的重新整理，此时已进行的登记仍然有效，应被新的总登记予以继续确认。[1]

60. 首次登记有何法律意义？

一、不动产物权首次登记是不动产进入交易流通领域的第一步

没有经过首次登记，当事人只能完成对不动产的事实上的占有或使用，只有经过首次登记，当事人取得了不动产权利证书或者证明，通俗讲就是取得了"证"，当事人才最终完成了对不动产在法律上的占有或使用，该不动产在法律上才具有了地位，才对不动产的所有权或使用权在法律上进行了确认。首次登记是不动产进行市场交易的前提和基础。

二、不动产物权的首次登记是后续转移、变更、注销等各种登记的前提

一是，不动产物权办理了首次登记后，意味着该不动产真正纳入了不动产登记簿当中。根据登记连续性原则，首次登记为后续的各种物权变动登记奠定了基础。

二是，不动产物权登记的真实性和准确性决定着后续不动产物权变动的真实性和准确性。如果首次登记出现了错误，则后续的其他各种登记必然是建立在错误之上的，也肯定是错误的。就像盖楼房一样，如果地基打不牢靠，那么上面的楼房就像无本之木、无源之水，也肯定处在风雨飘摇之中。因此，不动产登记机构应当高度重视不动产的首次登记，确保首次登记的真实、准确、完整。

---

〔1〕 向明：《不动产登记制度研究》，华中师范大学出版社 2011 年版，第 114 页。

61. 什么是集体土地所有权？

农村集体土地所有权是农村集体土地产权制度的基础，是指农村劳动群众集体经济组织在法律规定范围内占有、使用、收益、处分自己所有的土地的权利。[1]按照《物权法》的规定，土地的国家所有权可以不登记。因此，土地所有权的首次登记仅指土地的集体所有权的第一次登记。劳动群众集体所有制是指由集体经济组织内的劳动者共同占有生产资料的一种公有制形式。我国的集体所有权可以分为农村集体所有权与城镇集体所有权。

《宪法》第10条规定："城市的土地属于国家所有。农村和城市郊区的土地，除由法律规定属于国家所有的以外，属于集体所有；宅基地和自留地、自留山，也属于集体所有。"《土地管理法》第8条也规定："城市市区的土地属于国家所有。农村和城市郊区的土地，除由法律规定属于国家所有的以外，属于农民集体所有；宅基地和自留地、自留山，属于农民集体所有。"因此，只有农村集体才能享有土地的所有权，城镇集体不能享有土地的所有权。集体土地所有权也可称为农村集体土地所有权。《物权法》第59条规定："农村集体所有的不动产和动产，属于本集体成员集体所有。"

农民集体所有的不动产最主要的就是本集体所有的土地以及法律规定属于集体所有的森林、山岭、草原、荒地、滩涂，集体所有的建筑物、生产设施、农田水利设施以及教育、科学、文化、卫生、体育设施等不动产。[2]

---

〔1〕 皮纯协主编：《新土地管理法理论与适用》，中国法制出版社1999年版，第28~29页。

〔2〕 胡康生主编：《中华人民共和国物权法释义》，法律出版社2007年版，第141页。

62. 集体土地所有权如何进行首次登记？

一、农村集体土地所有权登记的申请人

集体经济组织或者村民委员会、村民小组应当持集体土地所有权证明材料，申请集体土地所有权的首次登记。我国依法实行土地登记发证制度。《土地管理法》第 13 条规定："依法登记的土地的所有权和使用权受法律保护，任何单位和个人不得侵犯。"农村土地所有权人有以下三类：一是村民小组，二是村集体经济组织或村民委员会，三是乡镇集体经济组织。《物权法》和《土地管理法》都做了相应的规定。《物权法》第 60 条规定："对于集体所有的土地和森林、山岭、草原、荒地、滩涂等，依照下列规定行使所有权：①属于村农民集体所有的，由村集体经济组织或者村民委员会代表集体行使所有权；②分别属于村内两个以上农民集体所有的，由村内各该集体经济组织或者村民小组代表集体行使所有权；③属于乡镇农民集体所有的，由乡镇集体经济组织代表集体行使所有权。"

《土地管理法》第 10 条规定："农民集体所有的土地依法属于村农民集体所有的，由村集体经济组织或者村民委员会经营、管理；已经分别属于村内两个以上农村集体经济组织的农民集体所有的，由村内各该农村集体经济组织或者村民小组经营、管理；已经属于乡（镇）农民集体所有的，由乡（镇）农村集体经济组织经营、管理。"

国土资源部在 2001 年 11 月 9 日颁布的《关于依法加快集体土地所有权登记发证工作的通知》（国土资发〔2001〕359 号），对农村集体土地所有权的具体确权要求做出了明确的规定："①凡是土地家庭联产承包中未打破村民小组（原生产队）界线，不论是以村的名义还是以组的名义与农户签订承包合同，土地应确认给村民小组农民集体所有。考虑到各地的差异和村民小组组织机构不健全的实

际，在具体登记发证时，可采取两种方式进行：一是，有条件的地区，可将《集体土地所有证》直接发放到村民小组农民集体；二是，采取'组有村管'的方式，将《集体土地所有证》发放到村，由村委会代管。为体现村民小组农民集体的所有权主体地位，土地证书所有者一栏仍填写村内各村民小组农民集体的名称，并注明土地所有权分别由村内各村民小组农民集体所有。待条件成熟时，可将《集体土地所有证》换发到组。对于已经打破了村民小组农民集体土地界线的地区，应本着尊重历史，承认现实的原则，对这部分土地承认现状，明确由村农民集体所有。②能够证明土地已经属于乡（镇）农民集体所有的，土地所有权应依法确认给乡（镇）农民集体。没有乡（镇）农民集体经济组织的，乡（镇）集体土地所有权由乡（镇）政府代管。③不能证明属于乡（镇）农民集体所有或村民小组农民集体所有的集体土地，应依法确认给村农民集体所有。土地所有权主体以'××村（组、乡）农民集体'表示。"

二、农村集体土地所有权的申请资料和登记机构

《土地登记办法》第32条规定："农民集体土地所有权人应当持集体土地所有权证明材料，申请集体土地所有权初始登记。"具体要提交哪些登记材料，目前尚无全国统一的规定，多由各个地方加以规定。在后续制定不动产登记实施细则时，应当规定全国统一的申请农村集体土地所有权的材料清单。

《土地管理法》第11条规定："农民集体所有的土地，由县级人民政府登记造册，核发证书，确认所有权。农民集体所有的土地依法用于非农业建设的，由县级人民政府登记造册，核发证书，确认建设用地使用权。"因此，农村集体土地所有权人在申请集体土地所有权的首次登记时，应当向土地所在地的县级以上人民政府国土资源行政主管部门提出土地登记申请，依法报县级以上人民政府登记造册，核发土地权利证书。

63. 土地承包经营权如何进行首次登记?

第一,依法以承包方式在耕地、林地、草地、水域、滩涂以及荒山、荒沟、荒滩等土地上从事种植业或者养殖业生产活动的,权利人可以持土地承包经营合同申请土地承包经营权的首次登记。

第二,以家庭承包方式取得土地承包经营权的,应当提供属于本集体经济组织的证明材料。《农村土地承包法》第15条规定:"家庭承包的承包方是本集体经济组织的农户。"

第三,本集体经济组织以外的单位或者个人通过招标、拍卖、公开协商等其他方式承包的,还应当提交该集体经济组织成员的村民会议2/3以上成员或者2/3以上村民代表的书面同意文件以及乡(镇)人民政府的批准文件。《农村土地承包法》第3条规定:"国家实行农村土地承包经营制度。农村土地承包采取农村集体经济组织内部的家庭承包方式,不宜采取家庭承包方式的荒山、荒沟、荒丘、荒滩等农村土地,可以采取招标、拍卖、公开协商等方式承包。"第48条规定:"发包方将农村土地发包给本集体经济组织以外的单位或者个人承包,应当事先经本集体经济组织成员的村民会议2/3以上成员或者2/3以上村民代表的同意,并报乡(镇)人民政府批准。"

64. 农用地使用权如何进行首次登记?

通过承包以外的方式在耕地、林地、草地、水域、滩涂等土地上从事种植业或者养殖业生产活动的,当事人可以凭取得农用地使用权的证明材料、土地勘测定界报告申请农用地使用权的首次登记。

65. 国有建设用地使用权如何进行首次登记?

我国《土地管理法》第 4 条规定:"国家实行土地用途管制。国家编制土地利用总体规划,规定土地用途,将土地分为农用地、建设用地和未利用地。……建设用地是指建造建筑物、构筑物的土地,包括城乡住宅和公共设施用地、工矿用地、交通水利设施用地、旅游用地、军事设施用地等。"1990 年 5 月 19 日国务院发布的《城镇国有土地使用权出让和转让暂行条例》规定了国有建设用地使用权的流转。针对国有与农民集体所有两种不同的建设用地,形成了两套不同的使用权制度,即在土地所有权双轨制的基础上也形成了建设用地使用权的双轨制。[1]

第一,依法通过划拨、出让等方式取得国有建设用地使用权的,当事人应当持国有建设用地划拨决定书或者出让合同等相关证明材料申请国有建设用地使用权的首次登记。

第二,国有建设用地使用权在地上或者地下分别设立的,当事人应当持有空间范围的国有建设用地划拨决定书或者出让合同等材料单独申请地上或者地下国有建设用地使用权的首次登记。

第三,地上或者地下国有建设用地使用权与地表国有建设用地使用权一并设立且与地面连为一体的,应当与地表国有建设用地使用权一并申请首次登记。

因此,地上和地下部分可分则分开登记,不可分则一体登记。

66. 集体建设用地使用权如何进行首次登记?

在我国,由于对农村土地没有实行国家所有制,而实行的是农

---

〔1〕 李开国:"我国建设用地使用权制度的现状分析",载刘云生主编:《中国不动产法研究》(第 7 卷),法律出版社 2012 年版,第 110 页。

民集体所有制，这就更增加了建设用地使用权制度的复杂性。[1]《土地管理法》第 43 条规定："任何单位和个人进行建设，需要使用土地的，必须依法申请使用国有土地；但是，兴办乡镇企业和村民建设住宅经依法批准使用本集体经济组织农民集体所有的土地的，或者乡（镇）村公共设施和公益事业建设经依法批准使用农民集体所有的土地的除外。"

农村集体经济组织使用乡（镇）土地利用总体规划确定的建设用地兴办企业、开展乡镇村公共设施、公益事业建设或者与其他单位、个人以集体建设用地使用权入股、联营等形式共同举办企业的，当事人应当持有批准权的人民政府的批准文件和相关合同等必要材料，申请集体建设用地使用权的首次登记。

67. 宅基地使用权及村民房屋所有权如何进行首次登记？

《物权法》对宅基地使用权有 4 条规定，分别是第 152 条："宅基地使用权人依法对集体所有的土地享有占有和使用的权利，有权依法利用该土地建造住宅及其附属设施。"第 153 条："宅基地使用权的取得、行使和转让，适用土地管理法等法律和国家有关规定。"第 154 条："宅基地因自然灾害等原因灭失的，宅基地使用权消灭。对失去宅基地的村民，应当重新分配宅基地。"第 155 条："已经登记的宅基地使用权转让或者消灭的，应当及时办理变更登记或者注销登记。"

《土地管理法》第 62 条规定："农村村民一户只能拥有一处宅基地，其宅基地的面积不得超过省、自治区、直辖市规定的标准。农村村民建住宅，应当符合乡（镇）土地利用总体规划，并尽量使用原有的宅基地和村内空闲地。农村村民住宅用地，经乡（镇）人民政

---

[1] 李开国："我国建设用地使用权制度的现状分析"，载刘云生主编：《中国不动产法研究》（第 7 卷），法律出版社 2012 年版，第 112 页。

府审核，由县级人民政府批准；其中，涉及占用农用地的，依照本法第44条的规定办理审批手续。农村村民出卖、出租住房后，再申请宅基地的，不予批准。"《土地管理法》第44条规定："建设占用土地，涉及农用地转为建设用地的，应当办理农用地转用审批手续。省、自治区、直辖市人民政府批准的道路、管线工程和大型基础设施建设项目、国务院批准的建设项目占用土地，涉及农用地转为建设用地的，由国务院批准。在土地利用总体规划确定的城市和村庄、集镇建设用地规模范围内，为实施该规划而将农用地转为建设用地的，按土地利用年度计划分批次由原批准土地利用总体规划的机关批准。在已批准的农用地转用范围内，具体建设项目用地可以由市、县人民政府批准。本条第2款、第3款规定以外的建设项目占用土地，涉及农用地转为建设用地的，由省、自治区、直辖市人民政府批准。"

农村集体经济组织成员依法利用集体所有的土地建造住宅及其附属设施的，当事人可以持有批准权的人民政府依法批准用地文件以及合法建造房屋的证明材料等一并申请宅基地使用权和房屋所有权的首次登记。在申请宅基地使用权及村民房屋所有权首次登记时，应当依法提交经乡（镇）人民政府审核并由县级人民政府批准的文件。宅基地涉及占用农用地的，还应按照《土地管理法》的要求，提供相关政府部门的批准文件。

68. 房屋所有权如何进行首次登记？

第一，在国有土地上合法建造房屋的，当事人可以持土地权属证明、建设工程符合规划的证明、房屋已经竣工的证明和房地产调查或者测绘报告等必要材料申请房屋所有权的首次登记。

第二，在集体土地上合法建造村民住宅以外的房屋的，当事人可以持土地权属证明、申请登记房屋符合城乡规划的证明以及房地产调查测绘报告等必要材料申请房屋所有权的首次登记。

第三，办理房屋所有权首次登记的，应当一并办理建设用地使用权登记。这也是房地一体主义的要求。

69. 建筑物区分所有共有部分如何进行首次登记？

在我国，随着住房制度的改革和高层建筑物的大量出现，住宅小区越来越多，业主的建筑物区分所有权已经成为私人不动产物权中的重要权利。《物权法》第70条规定："业主对建筑物内的住宅、经营性用房等专有部分享有所有权，对专有部分以外的共有部分享有共有和共同管理的权利。"第72条规定："业主对建筑物专有部分以外的共有部分，享有权利，承担义务；不得以放弃权利不履行义务。业主转让建筑物内的住宅、经营性用房，其对共有部分享有的共有和共同管理的权利一并转让。"第73条规定："建筑区划内的道路，属于业主共有，但属于城镇公共道路的除外。建筑区划内的绿地，属于业主共有，但属于城镇公共绿地或者明示属于个人的除外。建筑区划内的其他公共场所、公用设施和物业服务用房，属于业主共有。"第74条规定："建筑区划内，规划用于停放汽车的车位、车库应当首先满足业主的需要。建筑区划内，规划用于停放汽车的车位、车库的归属，由当事人通过出售、附赠或者出租等方式约定。占用业主共有的道路或者其他场地用于停放汽车的车位，属于业主共有。办理房屋所有权首次登记时，当事人应当对建筑区划内依法应属于全体业主共有的公共场所、公用设施和物业服务用房等房屋一并申请登记。"

最高人民法院《关于审理建筑物区分所有权纠纷案件具体应用法律若干问题的解释》第3条规定："除法律、行政法规规定的共有部分外，建筑区划内的以下部分，也应当认定为物权法第六章所称的共有部分：①建筑物的基础、承重结构、外墙、屋顶等基本结构部分，通道、楼梯、大堂等公共通行部分，消防、公共照明等附属设施、设备，避难层、设备层或者设备间等结构部分；②其他不属于业主专有部分，也不属于市政公用部分或者其他权利人所有的场所及设施等。建筑区划内的土地，依法由业主共同享有建设用地使用权，但属于业主专有的整栋建筑物的规划占地或者城镇公共道路、绿地占地除外。"

按照法律规定，业主对专有部分以外的共有部分如电梯、过道、楼梯、水箱、外墙面、水电气的主管线等享有共有的权利。原建设部1995年起施行的《商品房销售面积计算及公用建筑面积分摊规则（试行）》第8条规定："公用建筑面积由以下两部分组成：①电梯井、楼梯间、垃圾道、变电室、设备间、公共门厅和过道、地下室、值班警卫室以及其他功能上为整栋建筑服务的公共用房和管理用房建筑面积；②套（单元）与公用建筑空间之间的分隔墙以及外墙（包括山墙）墙体水平投影面积的一半。"商品房销售面积等于套内建筑面积与分摊的共有建筑面积之和，这两项面积记载于房屋权属登记簿册上。规则还对可分摊的公用建筑面积和不可分摊的公用建筑面积分别进行了列举，在登记时只记载前者的面积。可分摊的共有即所谓的公摊面积，其面积的确定与登记是为了计算商品房销售价格，而不是对区分所有权人对共有部分权属的确认。

由此可见，对区分所有建筑物共有部分的登记在实务中体现为房屋权属登记中对公摊部分的登记，而对公摊部分之外的部分则存在缺失。各地对公摊部分的称谓也并不统一，以"公摊的共有建筑面积"为主流，应当在后续的不动产登记细则中予以明确规定。由于所认定的公摊面积是为计算商品房销售价格服务，故仅将本幢范围内的共有部分面积计入，这对单幢建筑物共有部分的登记没有影响；然而，现实中大部分建筑物的情况是以住宅小区形式存在的，属于多幢建筑物以及附属物的共有部分也应当属于全体区分所有权人共有，对这部分内容登记的缺失使得登记本身的公示性作用得不到体现，区分所有权人到底对哪些共有部分享有共有权以及所分摊的比例得不到明示，也就无法真正保障区分所有权人对共有权的享有和行使。〔1〕建筑物区分所有共有部分的不动产登记涉及千家万户的切身利益，在后续不动产登记细则的制定中，应当注意解决这些问题。

70. 森林、林木所有权如何进行首次登记？

当事人申请森林、林木所有权首次登记的，应当凭森林、林木权属证明材料、土地承包经营权合同或者农用地使用权权属证明申请首次登记。办理森林、林木所有权首次登记的，应当一并办理土地权利登记。

《民法通则》第74条第1款规定："法律规定为集体所有的土地和森林、山岭、草原、荒地、滩涂等属于劳动群众集体所有。"《物权法》第48条规定："森林、山岭、草原、荒地、滩涂等自然资源，属于国家所有，但法律规定属于集体所有的除外。"《森林法》第3条规定："森林资源属于国家所有，由法律规定属于集体所有的除外。国家所有的和集体所有的森林、林木和林地，个人所有的林木和使用的林地，由县级以上地方人民政府登记造册，发放证书，确认所有权或者使用权。森林、林木、林地的所有者和使用者的合法权益，受法律保护，任何单位和个人不得侵犯。"纵观世界主要林业国家森林资源权属制度的经验，大部分国家在森林资源所有制方面都是多元化的，既有国有，也有集体所有，还有私人所有，且权属的不同显然并不影响他们对森林资源的有效利用和合理保护。〔2〕在我国，除了林木的国家所有和集体所有之外，法律上也允许林木的个人所有权。个人林木所有权是指个人对林木（活立木，包括树木和竹子）

〔1〕 谭峻：《建筑物区分所有权与不动产登记制度研究》，知识产权出版社2012年版，第259~261页。

〔2〕 张冬梅：《物权体系中的林权制度研究》，法律出版社2012年版，第22~27页。

享有的占有、使用、收益和处分的权利。在森林资源中，林木虽然也属于不动产，但因其可再生、更新快的特点，作为生产资料，在所有制上并没有受到与森林和林地相同的严格限制。《民法通则》第75条规定："公民的个人财产，包括公民的合法收入、房屋、储蓄、生活用品、文物、图书资料、林木、牲畜和法律允许公民所有的生产资料以及其他合法财产。"林木可以为国有企业事业单位、机关、团体、部队、集体所有制单位、农村居民、城镇居民和职工等不同的民事主体所有，将林木纳入公民个人财产的范畴。

《森林法》第27条规定："农村居民在房前屋后、自留地、自留山种植的林木，归个人所有。城镇居民和职工在自有房屋的庭院内种植的林木，归个人所有。集体或者个人承包国家所有和集体所有的宜林荒山荒地造林的，承包后种植的林木归承包的集体或者个人所有；承包合同另有规定的，按照承包合同的规定执行。"个人还可以因造林、买卖、继承等方式取得林木所有权。但个人林木所有权的行使，应当遵守国家的林业法规和政策。

我国的一些主要林区，森林资源一直是当地群众赖以为生的主要经济来源，客观上存在利用森林资源获取收益的事实。"靠山吃山"的俗语充分说明了保障广大林农、林场职工经营林业收益的迫切需要。[1]

2000年12月31日由国家林业局颁布的《林木和林地权属登记管理办法》明确了颁发林权证的程序和要求。该办法第2条规定："县级以上林业主管部门依法履行林权登记职责。林权登记包括初始、变更和注销登记。"由于我国目前推行的是不动产统一登记，因此在后续的不动产登记实施细则中，林权登记应当划归统一的不动产登记机构进行。第3条规定："林权权利人是指森林、林木和林地的所有权或者使用权的拥有者。"第4条规定："林权权利人为个人

---

〔1〕 张冬梅：《物权体系中的林权制度研究》，法律出版社2012年版，前言第7页。

的，由本人或者其法定代理人、委托的代理人提出林权登记申请；林权权利人为法人或者其他组织的，由其法定代表人、负责人或者委托的代理人提出林权登记申请。"

该办法第5条规定："林权权利人应当根据森林法及其实施条例的规定提出登记申请，并提交以下文件：①林权登记申请表；②个人身份证明、法人或者其他组织的资格证明、法定代表人或者负责人的身份证明、法定代理人或者委托代理人的身份证明和载明委托事项和委托权限的委托书；③申请登记的森林、林木和林地权属证明文件；④省、自治区、直辖市人民政府林业主管部门规定要求提交的其他有关文件。"第6条规定："林权发生变更的，林权权利人应当到初始登记机关申请变更登记。"第7条规定："林地被依法征用、占用或者由于其他原因造成林地灭失的，原林权权利人应当到初始登记机关申请办理注销登记。"第8条规定："林权权利人申请办理变更登记或者注销登记时，应当提交下列文件：①林权登记申请表；②林权证；③林权依法变更或者灭失的有关证明文件。"第9条规定："登记机关应当对林权权利人提交的申请登记材料进行初步审查。登记机关认为林权权利人提交的申请材料符合森林法及其实施条例以及本办法规定的，应当予以受理；认为不符合规定的，应当说明不受理的理由或者要求林权权利人补充材料。"第10条规定："登记机关对已经受理的登记申请，应当自受理之日起10个工作日内，在森林、林木和林地所在地进行公告。公告期为30天。"

该办法第11条规定："对经审查符合下列全部条件的登记申请，登记机关应当自受理申请之日起3个月内予以登记：①申请登记的森林、林木和林地位置、四至界限、林种、面积或者株数等数据准确；②林权证明材料合法有效；③无权属争议；④附图中标明的界桩、明显地物标志与实地相符合。"《暂行条例》将不动产登记的期限统一为自受理登记申请之日起30个工作日内办结，因此后续的林权登记也应当按照此规定进行，不应超过30个工作日的最长期限，但公告期间可以不计算在内。

71. 什么是海域使用权?

海域是指中华人民共和国内水、领海的水面、水体、海床和底土。这是一个空间资源的概念，是对传统民法中"物"的概念的延伸与发展。[1]《物权法》第46条规定:"矿藏、水流、海域属于国家所有。"《海域使用管理法》第3条规定:"海域属于国家所有，国务院代表国家行使海域所有权。任何单位或者个人不得侵占、买卖或者以其他形式非法转让海域。单位和个人使用海域，必须依法取得海域使用权。"海域属于国家所有指国家享有对海域的占有、使用、收益和处分的权利。因此，国家是海域所有权的唯一主体。

1993年财政部和国家海洋局颁布的《国家海洋使用管理暂行条例》第一次规定了海域使用权制度。此后一些沿海省市也先后出台了有关海域使用权方面的地方性政府规章。2001年我国颁布了《海域使用管理法》，从法律上确立了海域使用权制度。按照该法第2条的规定，海域使用是指持续使用特定海域3个月以上的排他性用海活动。不足3个月的排他性用海活动，可能对国防安全、海上交通安全和其他用海活动造成重大影响的，参照《海域使用管理法》的有关规定办理临时海域使用证。[2]

在《物权法》制定的过程中，对如何对海域使用权进行立法安排有过讨论。大部分学者认为，海域使用权"必须财产化、物权化、商品化，否则，海洋资源的合理利用以及有关个人的正当利益将无法得以实现。而海洋生态和环境的保护与海洋资源的利用之间，何以求得适当的平衡，应当成为海域使用权一切理论研究展开的基

---

〔1〕 胡康生主编:《中华人民共和国物权法释义》，法律出版社2007年版，第115页。

〔2〕 卜耀武、曹康泰、王曙光主编:《中华人民共和国海域使用管理法释义》，法律出版社2002年版，第29页。

点。"〔1〕最终,《物权法》第 122 条规定:"依法取得的海域使用权受法律保护。"海域使用权是民事主体依照法律规定,对国家所有的海域所享有的以使用和收益为目的的一种直接支配性和排他性的新型用益物权。〔2〕

72. 海域使用权如何进行首次登记?

《海域使用管理法》第 6 条规定:"国家建立海域使用权登记制度,依法登记的海域使用权受法律保护。"《海域使用管理法》第 19 条规定:"海域使用申请经依法批准后,国务院批准用海的,由国务院海洋行政主管部门登记造册,向海域使用申请人颁发海域使用权证书;地方人民政府批准用海的,由地方人民政府登记造册,向海域使用申请人颁发海域使用权证书。海域使用申请人自领取海域使用权证书之日起,取得海域使用权。"第 20 条规定:"海域使用权除依照本法第 19 条规定的方式取得外,也可以通过招标或者拍卖的方式取得。招标或者拍卖方案由海洋行政主管部门制订,报有审批权的人民政府批准后组织实施。海洋行政主管部门制订招标或者拍卖方案,应当征求同级有关部门的意见。"

因此,海域使用权的取得方式主要有三种:一是单位和个人向海洋行政主管部门申请,二是招标,三是拍卖。《海域使用管理法》第 18 条规定:"下列项目用海,应当报国务院审批:①填海五十公顷以上的项目用海;②围海 100 公顷以上的项目用海;③不改变海域自然属性的用海 700 公顷以上的项目用海;④国家重大建设项目用海;⑤国务院规定的其他项目用海。前款规定以外的项目用海的

---

〔1〕 尹田主编:《物权法中海域物权的立法安排——海域物权法律制度学术研讨会论文资料汇编》,法律出版社 2005 年版,第 76 页。

〔2〕 尹田主编:《中国海域物权制度研究》,中国法制出版社 2004 年版,第 40 页。

审批权限，由国务院授权省、自治区、直辖市人民政府规定。"《海域使用管理法》第 25 条根据不同的用海用途，规定了海域使用权最高期限，分别是：①养殖用海 15 年；②拆船用海 20 年；③旅游、娱乐用海 25 年；④盐业、矿业用海 30 年；⑤公益事业用海 40 年；⑥港口、修造船厂等建设工程用海 50 年。

2007 年 1 月 1 日起施行的《海域使用权登记办法》对海域使用权的登记作出了较为系统、细致的规定。该法第 2 条规定："海域使用权登记是指依法对海域的权属、面积、用途、位置、使用期限等情况以及海域使用权派生的他项权利所做的登记，包括海域使用权首次登记、变更登记和注销登记。他项权利，是指出租、抵押海域使用权形成的承租权和抵押权。"第 9 条规定："通过申请审批或者招标拍卖方式确定海域使用权后，申请人应当提出初始登记。"第 10 条规定："初始登记申请材料包括：①海域使用权登记申请表；②营业执照、法定代表人身份证明、个人身份证明；③宗海界址图（包括宗海位置图和平面图）；④项目用海批复或者海域使用权出让合同；⑤海域使用金缴纳凭证。"

因此，当事人申请海域使用权首次登记的，应当提交宗海界址图、项目用海批复或者海域使用权出让合同以及海域使用金缴纳凭证等必要材料。在《暂行条例》施行以后，海域使用权首次登记应当划归统一不动产登记机构办理。

73. 什么是地役权？

地役权指他人土地供自己土地的方便和利益之用的权利。在分类上，地役权属于一种为增加自己土地的利用价值而利用他人土地的用益物权。地役权的发生以存在两个土地为前提。所谓两个土地，指供役地和需役地。其中，供他人土地的方便和利益之用的土地，为供役地（或承用地），享受方便和利益的土地为需役地。供役地和需役地并不以相邻为必要，二者即便不邻近或远隔万里，也可以设定，譬如法定地役权。[1]

例如，甲乙两工厂相邻，甲工厂原有东门，甲为了解决本厂职工上下班通行方便问题，想开一个西门，但必须借用乙工厂的道路通行。于是甲乙两工厂约定，甲向乙支付使用费，乙工厂允许甲工厂的员工通行，为此双方达成书面协议，在乙工厂的土地上设立了通行地役权。乙地称为供役地，甲地称为需役地。[2]

74. 地役权有哪些特征？

地役权具有以下特征：

第一，地役权是按照当事人的约定设立的用益物权。

第二，地役权是存在于他人不动产上的用益物权。

第三，地役权是为了需役地的便利而设立的用益物权。

第四，地役权具有从属性。地役权不得与需役地分离而单独让与，地役权不得由需役地分离而为其他权利的标的，地役权随需役地所有权或使用权的消灭而消灭。

第五，地役权具有不可分性，体现在发生上的不可分性、消灭上的不可分性和享有与负担上的不可分性。

75. 如何设立地役权？

设立地役权应当采取书面形式订立地役权合同。例如，某市在市区沿运河建有一排商业用店面房。甲买了其中一套，乙也买了其中一套。甲乙两人所有的店面房相距不远。甲用自己的店面房开餐馆，专卖麻辣烫，因为附近没有其他店面进行竞争，生意很好。一

---

[1] 陈华彬：《物权法》，法律出版社 2004 年版，第 435 页。

[2] 胡康生主编：《中华人民共和国物权法释义》，法律出版社 2007 年版，第 343 页。

段时间后，乙将自己的店面房出租给了丙，为期一年，丙也用来开餐馆，且也专卖麻辣烫。由于丙的影响，甲的生意差了许多。在乙和丙的房屋租赁合同快到期之时，甲找到乙，提出：甲愿意给乙每年1万元，为期5年，作为条件，乙必须确保今后自己或其他人在使用房屋时不得将房屋用于开餐馆。乙表示同意。甲和乙之间设立限制房屋使用用途的地役权没有违反不正当竞争和限制竞争等情形。甲乙双方书面签订了地役权合同，且甲提出要到不动产登记机关对此项约定进行地役权登记。[1]不动产登记机关应当准许。

《物权法》第157条规定："设立地役权，当事人应当采取书面形式订立地役权合同。地役权合同一般包括下列条款：①当事人的姓名或者名称和住所；②供役地和需役地的位置；③利用目的和方法；④利用期限；⑤费用及其支付方式；⑥解决争议的方法。"

因此，地役权合同应当包括上述条款。

76. 地役权登记效力如何？

不登记的地役权不得对抗善意第三人。《物权法》第158条规定："地役权自地役权合同生效时设立。当事人要求登记的，可以向登记机构申请地役权登记；未经登记，不得对抗善意第三人。"因此，地役权的登记采取的是登记对抗主义。

77. 怎样设定地役权的期限？

对地役权期限的设定，尊重当事人意思自治，但不得超过其剩余期限。《物权法》第161条规定："地役权的期限由当事人约定，但不得超过土地承包经营权、建设用地使用权等用益物权的剩余

---

〔1〕 史浩明、张鹏：《地役权》，中国法制出版社2007年版，第79～82页。

期限。"

78. 地役权设立后有何效力?

第一，地役权自地役权合同生效时设立。

第二，土地所有权人享有地役权或者负担地役权的，设立土地承包经营权、宅基地使用权时，该土地承包经营权人、宅基地使用权人继续享有或者负担已设立的地役权。例如，甲地和乙地分别属于两个不同的农村集体经济组织所有，且两地相邻，因地理位置的不同，甲地缺水干涸，乙地上因有一片湖泽而地质肥沃。甲为了给自己的土地浇灌，早在 10 年前，甲就与乙在乙地上设立 20 年的取水地役权，并进行了登记，约定在乙地上挖较宽的河道引水，并每年支付一定的费用。10 年后的今天，甲将土地承包给了丙，那么这时的丙不仅是新的土地承包经营权人，还应当是享有到乙地取水的地役权人，因此，作为新的土地承包经营权人，丙仍然可以继续享有 10 年期限的取水地役权。

第三，土地上已设立土地承包经营权、建设用地使用权、宅基地使用权等权利的，未经上述用益物权人同意，土地所有权人不得设立地役权。上例中甲想从乙的土地取水，如果此时乙已经将其土地转租给了丙，但倘若丙不同意甲从土地上取水，那么乙就不能在土地上设立地役权。若丙不同意，纵使甲乙签订了地役权合同，该合同也应无效。

79. 地役权首次登记需要哪些材料?

当事人申请地役权首次登记的，供役地权利人和需役地权利人应当提交不动产权属证书和地役权合同等相关证明材料。

80. 什么是抵押权?

抵押权是指为担保债务的履行,债务人或者第三人不转移财产的占有,将该财产抵押给债权人,债务人不履行到期债务或者发生当事人约定的实现抵押权的情形,债权人有权就该财产优先受偿。[1]

抵押权有广义、狭义之分。狭义的抵押权就是《物权法》中规定的抵押权。广义的抵押权还包括一些特别法上规定的特殊抵押权,如船舶抵押权、航空器抵押权、法定抵押权等。我国《海商法》、《民用航空法》等法律分别规定了船舶抵押权、民用航空器抵押权等特殊的抵押权。

81. 抵押权有何特征?

一、抵押权是担保物权

抵押权以抵押财产作为债权的担保,抵押权人对抵押财产有控制、支配的权利。控制权表现在抵押权设定后,抵押人未经抵押权人同意,不得处分抵押财产。支配权表现在抵押权人在抵押财产担保的债权已到清偿期而未受清偿,或者发生当事人约定的实现抵押权的情形时,有权依照法律规定,以抵押财产折价或者以拍卖、变卖抵押财产的价款优先受偿。抵押权是债务人或者第三人以其所有的或者有权处分的特定的财产设定的物权。我国物权法规定的用于抵押的财产既可以是不动产,也可以是动产。

---

〔1〕 胡康生主编:《中华人民共和国物权法释义》,法律出版社 2007 年版,第 386 页。

二、抵押权是不转移标的物占有的物权

例如，债务人甲将自己所有的房屋作为担保财产抵押给乙，在抵押期间，甲仍可在该房屋内居住，也可以将该房屋出租给他人并收取租金。

三、抵押权人有权就抵押财产卖得价金优先受偿

例如，甲各欠乙、丙、丁100万元，但甲向乙借款时将自己的房屋抵押，作为还款的担保。当甲破产，破产财产不足以清偿所欠的乙、丙、丁的债务时，乙可以要求就拍卖抵押房屋所得的房款优先还债，而丙、丁只能在甲还清乙后，从剩余的财产中按照比例来受偿。

82. 不动产抵押登记有何效力？

《物权法》第187条规定："以本法第180条第1款第1项至第3项规定的财产或者第5项规定的正在建造的建筑物抵押的，应当办理抵押登记。抵押权自登记时设立。"不动产抵押是重要的民事法律行为，法律除要求设立抵押权必须要订立书面合同外，还要求对不动产的抵押办理抵押登记，不经抵押登记，抵押权不发生法律效力。

因此，我国法上不动产和不动产物权的抵押采取的是登记生效主义，不登记则不生效。实践中经常有这样的例子，甲借给乙100万元，为了防范风险，甲要求将乙名下的一套房产抵押给自己。于是甲乙在签订的借款合同之中明确约定，乙将房产抵押给甲。但是甲乙并没有到不动产登记部门进行不动产抵押权登记。后来，乙没有按照借款合同还款，那么甲也不能凭借借款合同中的关于房产抵押的约定将房产变现并从中受偿。因为甲乙关于房屋抵押的约定并没有办理抵押权登记，不登记则不生效。

83. 哪些财产可以抵押?

《物权法》第180条规定:"债务人或者第三人有权处分的下列财产可以抵押:①建筑物和其他土地附着物;②建设用地使用权;③以招标、拍卖、公开协商等方式取得的荒地等土地承包经营权;④生产设备、原材料、半成品、产品;⑤正在建造的建筑物、船舶、航空器;⑥交通运输工具;⑦法律、行政法规未禁止抵押的其他财产。抵押人可以将前款所列财产一并抵押。"

财产抵押必须符合两个条件:第一,债务人或者第三人对抵押财产有处分权;第二,财产必须符合《物权法》的上述规定,应当是可以抵押的财产。债务人或者第三人对抵押财产有处分权又包括三种情形。一是,债务人或者第三人是抵押财产的所有人。二是,债务人或者第三人对抵押财产享有用益物权,且法律规定该用益物权可以抵押。例如,《城市房地产管理法》第31条规定:"房地产转让、抵押时,该房屋占用范围内的土地使用权同时转让、抵押。"第47条规定:"依法取得的房屋所有权连同该房屋占用范围内的土地使用权,可以设定抵押权。以出让方式取得的土地使用权,可以设定抵押权。"三是,债务人或者第三人根据法律、行政法规定,或者经过政府主管部门批准,可以将其占有、使用的财产抵押。

84. 哪些财产不得抵押?

《物权法》第184条规定:"下列财产不得抵押:①土地所有权;②耕地、宅基地、自留地、自留山等集体所有的土地使用权,但法律规定可以抵押的除外;③学校、幼儿园、医院等以公益为目的的事业单位、社会团体的教育设施、医疗卫生设施和其他社会公益设施;④所有权、使用权不明或者有争议的财产;⑤依法被查封、扣押、监管的财产;⑥法律、行政法规规定不得抵押的其他财产。"

除了上述规定外，凡是法律、法规禁止抵押的财产，当事人以这些财产抵押，一般应当宣告无效。

85. 抵押权首次登记需要哪些材料？

首先，当事人可以凭不动产权属证书、主债权债务合同、抵押合同以及相关证明材料申请抵押权的首次登记。

其次，依法以合法竣工的建筑物以及森林、林木抵押的，该房屋等建筑物以及森林、林木占用范围内的土地使用权一并抵押。以建设用地使用权抵押的，该土地上依法竣工的建筑物一并抵押。这也体现出了房地一体主义。

86. 什么是最高额抵押？

《物权法》第203条规定："为担保债务的履行，债务人或者第三人对一定期间内将要连续发生的债权提供担保财产的，债务人不履行到期债务或者发生当事人约定的实现抵押权的情形，抵押权人有权在最高债权额限度内就该担保财产优先受偿。"

例如，甲以自己的一栋别墅为抵押财产，与银行乙签订一份担保最高300万元债权的最高额抵押合同，担保期间为一年，以担保将来可能发生的债权的履行。那么在一年之内，无论发生多少次债权，只要债权总额不超过300万元，这些债权都可以就已抵押的别墅优先受偿。当事人可以凭最高额抵押合同、一定期间将要连续发生的债权合同等材料申请不动产最高额抵押权的首次登记。

87. 土地、房屋设立最高额抵押首次登记需要哪些材料？

《土地登记办法》第36条规定："依法抵押土地使用权的，抵押权人和抵押人应当持土地权利证书、主债权债务合同、抵押合同以及相关证明材料，申请土地使用权抵押登记。"

《房屋登记办法》第51条规定："申请最高额抵押权设立登记，应当提交下列材料：①登记申请书；②申请人的身份证明；③房屋所有权证书或房地产权证书；④最高额抵押合同；⑤一定期间内将要连续发生的债权的合同或者其他登记原因证明材料；⑥其他必要材料。"

88. 最高额抵押登记簿如何记载？

《土地登记办法》第36条规定："符合抵押登记条件的，国土资源行政主管部门应当将抵押合同约定的有关事项在土地登记簿和土地权利证书上加以记载，并向抵押权人颁发土地他项权利证明书。申请登记的抵押为最高额抵押的，应当记载所担保的最高债权额、最高额抵押的期间等内容。"

《房屋登记办法》第53条规定："对符合规定条件的最高额抵押权设立登记，除本办法第44条所列事项外，登记机构还应当将最高债权额、债权确定的期间记载于房屋登记簿，并明确记载其为最高额抵押权。"

89. 将已经存在的债权纳入最高额抵押权担保的债权范围时如何办理登记？

《物权法》第203条第2款规定："最高额抵押权设立前已经存在的债权，经当事人同意，可以转入最高额抵押担保的债权范围。"最高额抵押权的本质特征不在于其所担保的债权为将来的债权，而在于所担保的债权为不特定债权，且具有最高限额。因此，只要最终实际发生的债权总额不超过双方约定的最高债权额，即使债权发生在最高额抵押权设立之前，只要当事人达成合意，也应当被允许增补到最高额抵押所担保的债权范围内。

实践中当事人要将最高额抵押权设立前已经存在的债权转入最高额抵押担保的债权范围的情形有三种。

第一，申请最高额抵押权的设立时，就将已存在的债权转入最高额抵押担保的债权范围。此时，不动产登记机构应当在设立最高额抵押权登记程序中一并办理，将该债权记入最高额抵押权担保的债权范围。

第二，最高额抵押权已经设立并办理登记后，当事人合意将已存在的债权转入最高额抵押权担保的债权范围。此时，不动产登记机构应当办理最高额抵押权的变更登记。

第三，最高额抵押权担保的债权已经确定，当事人在申请最高额抵押权确定登记时，要求将最高额抵押权设立之前已经存在的债权转入最高额抵押权担保的债权范围。由于最高额抵押权担保的债权已经确定，最高额抵押权实际上已经变为一般抵押权，当事人申请将最高额抵押权设立之前的债权转入担保的债权范围，实际上就是变更一般抵押权担保的债权数额，势必影响在后登记的其他抵押权人的利益。此时，不动产登记机构应当办理一般抵押权变更登记。

《房屋登记办法》第52条针对这种情况规定得较为详细："当事人将最高额抵押权设立前已存在债权转入最高额抵押担保的债权范围，申请登记的，应当提交下列材料：①已存在债权的合同或者其他登记原因证明材料；②抵押人与抵押权人同意将该债权纳入最高额抵押权担保范围的书面材料。"

90. 在建建筑物如何办理抵押登记？

第一，依法以在建的房屋等建筑物抵押的，该房屋等建筑物占用范围内的土地使用权一并抵押。以建设用地使用权抵押的，该土地上在建房屋等建筑物一并抵押。

第二，在建的房屋等建筑物竣工并经房屋所有权首次登记后，在建的房屋等建筑物抵押权登记自动转为相应的房屋抵押权登记。

第三，在建的房屋等建筑物抵押权登记转为房屋抵押权登记时，抵押财产范围不包括已经办理预告登记的预售商品房。

91. 什么是转移登记？

转移登记针对的是不动产物权在不同主体之间的转移现象，其基础可以是买卖合同等法律行为，也可以是继承等非法律行为的事实。[1]转移登记可以分为所有权转移登记和他物权转移登记。在我国，他物权转移登记适用于建设用地使用权、土地承包经营权、地役权、抵押权等。

不动产物权由于某种原因发生变动时，应当将其转移、变更、转让或者消灭的情形记载于不动产登记簿上，以防止纠纷的发生。公示对于市场经济秩序的建立和维护具有十分重要的意义。登记制度是市场经济社会国家维护秩序、保障交易安全的重要法律手段。

92. 何种情况下可以进行转移登记？

因下列情形导致不动产权属发生转移的，当事人可以向不动产登记机构申请转移登记：①买卖、继承、遗赠、赠与、互换不动产的；②以不动产作价出资（入股）的；③法人或者其他组织因合并、分立等原因致使不动产权属发生转移的；④不动产分割、合并导致权属发生转移的；⑤共有人增加或者减少以及共有不动产份额变化的；⑥因人民法院、仲裁委员会的生效法律文书导致不动产权属发生转移的；⑦因主债权转移引起不动产抵押权转移的；⑧因需役地不动产权利转移引起地役权转移的；⑨法律、行政法规规定的其他不动产权利转移情形。

---

〔1〕 常鹏翱：《不动产登记法》，社会科学文献出版社 2011 年版，第 159 页

93. 为什么要办理土地承包经营权转移登记?

《物权法》第129条规定:"土地承包经营权人将土地承包经营权互换、转让,当事人要求登记的,应当向县级以上地方人民政府申请土地承包经营权变更登记;未经登记,不得对抗善意第三人。"这里的变更登记已经涉及土地承包经营权主体的变更,在学理上称为转移登记。这里采用的不是登记生效主义,而是登记对抗主义。也就是说,当事人签订土地承包经营权的互换、转让合同,并经发包人备案或者同意后,该流转行为在当事人双方之间即发生法律效力,而不强求当事人登记。这里考虑我国农村有着更为明显的熟人社会的特征,将登记与否的决定权交给当事人。不登记将产生不利于土地承包经营权受让人的法律后果。

例如,承包人甲将土地承包经营权转让给乙,但没有办理登记。此后,甲又将同一块地的承包经营权转让给丙,同时办理了登记。如果乙与丙就该块土地的承包经营权的归属发生纠纷,由于丙取得的土地承包经营权进行了登记,他的权利将受到法律的保护。乙将不能取得该地块的土地承包经营权。因此,土地承包经营权的受让人为了更好地维护自己的权益,要求办理土地承包经营权转移登记比较妥当。土地承包经营权流转有转包、出租、互换、转让等方式,但本条规定的转移登记只列明了互换和转让两种形式。互换与转让是将土地承包经营权换由或者转给他人行使,承包经营权的主体发生了变更。而转包和出租,原有的承包人与发包人的承包关系不变,承包人仍享有原来的承包经营权。由于转移登记的主要目的是向社会公示权利主体的变化,以保护善意第三人,而转包和出租不发生权利主体的更迭,因此不要求对转包和出租进行转移登记。

《农村土地承包法》第38条也作出了同样的规定:"土地承包经营权采取互换、转让方式流转,当事人要求登记的,应当向县级以上地方人民政府申请登记。未经登记,不得对抗善意第三人。"

94. 土地承包经营权转移登记如何办理?

土地承包经营权采取互换、转让方式流转，当事人申请登记的，应当持流转合同等必要材料申请土地承包经营权的转移登记。土地承包经营权采取转让方式流转的，还需要提供发包方同意的证明。

《农村土地承包法》第37条规定："土地承包经营权采取转包、出租、互换、转让或者其他方式流转，当事人双方应当签订书面合同。采取转让方式流转的，应当经发包方同意；采取转包、出租、互换或者其他方式流转的，应当报发包方备案。土地承包经营权流转合同一般包括以下条款：①双方当事人的姓名、住所；②流转土地的名称、坐落、面积、质量等级；③流转的期限和起止日期；④流转土地的用途；⑤双方当事人的权利和义务；⑥流转价款及支付方式；⑦违约责任。"

95. 房屋所有权转移登记如何办理?

当事人买卖房屋的，应当持权属证明、购房合同等证明权属发生转移的材料、身份证明材料等申请办理房屋所有权的转移登记。办理房屋所有权转移登记的，应当一并办理建设用地使用权的转移登记。

《房屋登记办法》第86条规定："房屋所有权依法发生转移，申请房屋所有权转移登记的，应当提交下列材料：①登记申请书；②申请人的身份证明；③房屋所有权证书；④宅基地使用权证明或者集体所有建设用地使用权证明；⑤证明房屋所有权发生转移的材料；⑥其他必要材料。申请村民住房所有权转移登记的，还应当提交农村集体经济组织同意转移的证明材料。农村集体经济组织申请房屋所有权转移登记的，还应当提交经村民会议同意或者由村民会议授权经村民代表会议同意的证明材料。"

96. 地役权转移登记如何办理？

由于地役权的从属性，地役权不得单独转让。土地承包经营权、建设用地使用权、宅基地使用权等转让的，地役权一并转让，但合同另有约定的除外。已经设定地役权的不动产办理转移登记后，地役权一并办理转移登记。供役地权利人提出异议的除外。

《物权法》对地役权的转移作出了规定。第164条规定："地役权不得单独转让。土地承包经营权、建设用地使用权等转让的，地役权一并转让，但合同另有约定的除外。"地役权虽然是一种独立的用益物权，但它仍然应当与需役地的所有权或者使用权"同呼吸、共命运"，必须与需役地所有权或者使用权一同移转，不得与需役地分离而单独让与，这就是地役权的从属性。

地役权的从属性主要表现在以下三种情形：一是，地役权人不得自己保留需役地的使用权，而单独将地役权转让；二是，地役权人不得自己保留地役权，而单独将需役地的使用权转让，这一点与前者对应，即需役地的使用权和地役权不得分离；三是，地役权人也不得将需役地的使用权与地役权分别让与不同的人。

总之，地役权只能随需役地使用权的转让而转让，如果违反了地役权的从属性，就会被认为行为无效。例如，甲为了自己房屋采光方便，与乙房屋设定了采光地役权，约定乙的房屋不得修建二层以上建筑，并办理了登记。后来，甲将自己的房屋卖给了丙，乙就在自己的房屋上修建了三层小楼，丙请求乙去除一层，遭到乙的拒绝。乙认为，地役权是他与甲设定的，旁人不得享有。按照该条的规定，地役权与需役地"共生死、共存亡"，需役地即便已经转移给了丙，为需役地所设定的地役权也应当转移给丙，除非当事人双方在设立地役权合同时另行约定。所以，丙的主张应予支持，乙的主张不成立。

《物权法》第165条还规定："地役权不得单独抵押。土地承包经营权、建设用地使用权等抵押的，在实现抵押权时，地役权一并转让。"第166条规定："需役地以及需役地上的土地承包经营权、建设用地使用权部分转让时，转让部分涉及地役权的，受让人同时享有地役权。"第167条规定："供役地以及供役地上的土地承包经营权、建设用地使用权部分转让时，转让部分涉及地役权的，地役权对受让人具有约束力。"

《房屋登记办法》第66条规定："已经登记的地役权变更、转让或者消灭的，当事人应当提交下列材料，申请变更登记、转移登记、注销登记：①登记申请书；②申请人的身份证明；③登记证明；④明地役权发生变更、转移或者消灭的材料；⑤其他必要材料。"

97. 与抵押相关的转移登记如何办理？

一、抵押财产的转移登记

不动产抵押期间，不动产权利依法发生转让的，当事人应当持抵押权人同意转让的书面证明、转让合同及其他相关证明材料，申请不动产权利的转移登记。《物权法》第191条规定："抵押期间，抵押人经抵押权人同意转让抵押财产的，应当将转让所得的价款向抵押权人提前清偿债务或者提存。转让的价款超过债权数额的部分归抵押人所有，不足部分由债务人清偿。抵押期间，抵押人未经抵押权人同意，不得转让抵押财产，但受让人代为清偿债务消灭抵押权的除外。"《土地登记办法》第43条规定："土地使用权抵押期间，土地使用权依法发生转让的，当事人应当持抵押权人同意转让的书面证明、转让合同及其他相关证明材料，申请土地使用权变更登记。已经抵押的土地使用权转让后，当事人应当持土地权利证书和他项权利证明书，办理土地抵押权变更登记。"《房屋登记办法》第34条规定："抵押期间，抵押人转让抵押房屋的所有权，申请房屋所有权转移登记的，除提供本办法第33条规定材料外，还应当提交抵押权人的身份证明、抵押权人同意抵押房屋转让的书面文件、他项权利证书。"

二、抵押权的转移登记

因主债权转让导致抵押权转让的，当事人可以持原不动产权属证明、转让协议、已经通知债务人的证明等相关证明材料，申请抵押权的转移登记。

《土地登记办法》第44条规定："经依法登记的土地抵押权因主债权被转让而转让的，主债权的转让人和受让人可以持原土地他项权利证明书、转让协议、已经通知债务人的证明等相关证明材料，申请土地抵押权变更登记。"《房屋登记办法》第47条规定："经依法登记的房屋抵押权因主债权转让而转让，申请抵押权转移登记的，主债权的转让人和受让人应当提交下列材料：①登记申请书；②申请人的身份证明；③房屋他项权证书；④房屋抵押权发生转移的证明材料；⑤其他必要材料。"《房屋登记办法》第56条规定："最高额抵押权担保的债权确定前，最高额抵押权发生转移，申请最高额抵押权转移登记的，转让人和受让人应当提交下列材料：①登记申请书；②申请人的身份证明；③房屋他项权证书；④最高额抵押权担保的债权尚未确定的证明材料；⑤最高额抵押权发生转移的证明材料；⑥其他必要材料。最高额抵押权担保的债权确定前，债权人转让部分债权的，除当事人另有约定外，房屋登记机构不得办理最高额抵押权转移登记。当事人约定最高额抵押权随同部分债权的转让而转移的，应当在办理最高额抵押权确定登记之后，依据本办法第47条的规定办理抵押权转移登记。"

《担保法》第61条规定："最高额抵押的主合同债权不得转让。"这样的规定主要是为防止经济生活出现混乱局面，保障信贷和交易安全。但随着我国市场经济的不断发展和市场机制的不断完善，最高额抵押的主合同债权转让与否，应当按照当事人意思自治的原则，由债权人自己决定。当事人可以约定在最高额抵押担保的债权确定前，最高额抵押权随部分债权的转让而转让。当事人的约定主要有两种情形：一是，部分债权转让的，抵押权也部分转让，原最高额抵押所担保的债权额随之相应减少，在这种情况下，转让的抵押权需要重新做抵押登记，原最高额抵押权需要做变更登记；二是，部分债权转让的，全部抵押权随之转让，未转让的部分债权成为无担保债权。因此《物权法》第 204 条规定："最高额抵押担保的债权确定前，部分债权转让的，最高额抵押权不得转让，但当事人另有约定的除外。"

98. 事实取得的不动产处分前如何进行转移登记？

因人民法院、仲裁机构生效的法律裁判或者因继承、受赠取得不动产，当事人申请登记的，应当持生效的法律判决或者遗嘱等相关证明材料，申请不动产权利转移登记。

权利人未办理的，在处分该不动产前，应当先行办理不动产权利的转移登记。

99. 何种情况下可以进行变更登记？

变更登记是针对不动产物权内容、范围、期限或者顺位等的变更而言的，不涉及权利主体的变更。[1] 变更登记与转移登记、更正登记不同，转移登记是不动产物权权利主体的变化，例如房屋的所有权人，由甲变成了乙，更正登记适用于登记错误的情形。

有下列情形之一的，不动产权利人可以向不动产登记机构申请变更登记：①权利人姓名或者名称变更的；②不动产坐落、名称、用途、面积等自然状况变更的；③不动产权利期限发生变化的；

---

〔1〕 常鹏翱：《不动产登记法》，社会科学文献出版社 2011 年版，第 168 页。

④同一权利人分割或者合并不动产的；⑤抵押权顺位、担保范围、主债权数额，最高额抵押债权额限度、债权确定期间等发生变化的；⑥地役权的利用目的、方法、期限等发生变化的；⑦法律、行政法规规定的其他不涉及不动产权利转移的变更情形。

100. 房屋所有权变更登记如何办理？

《房屋登记办法》第 37 规定："申请房屋所有权变更登记，应当提交下列材料：①登记申请书；②申请人身份证明；③房屋所有权证书或者房地产权证书；④证明发生变更事实的材料；⑤其他必要材料。"

该办法第 85 条规定："发生下列情形之一的，权利人应当在有关法律文件生效或者事实发生后申请房屋所有权变更登记：①房屋所有权人的姓名或者名称变更的；②房屋坐落变更的；③房屋面积增加或者减少的；④同一所有权人分割、合并房屋的；⑤法律、法规规定的其他情形。"

该办法第 46 条规定："申请抵押权变更登记，应当提交下列材料：①登记申请书；②申请人的身份证明；③房屋他项权证书；④抵押人与抵押权人变更抵押权的书面协议；⑤其他必要材料。因抵押当事人姓名或者名称发生变更，或者抵押房屋坐落的街道、门牌号发生变更申请变更登记的，无须提交前款第④项材料。因被担保债权的数额发生变更申请抵押权变更登记的，还应当提交其他抵押权人的书面同意文件。"

101. 最高额抵押变更登记如何办理？

《物权法》第 205 条规定："最高额抵押担保的债权确定前，抵押权人与抵押人可以通过协议变更债权确定的期间、债权范围以及最高债权额，但变更的内容不得对其他抵押权人产生不利影响。"

当事人可以协议变更的内容主要包括以下方面。

一、债权确定的期间

例如，如果当事人订立最高额抵押合同对 2014 年 1 月 1 日至 12 月 31 日发生的债权做担保，那么该期间即为债权确定的期间，2014 年 12 月 31 日是债权确定的最后日期。最高额抵押担保的债权确定前，当事人可以协议延长最高额抵押合同中约定的确定债权的期间，如将该期间延长至 2015 年 6 月 30 日；也可以协议缩短该期间，如缩短至 2014 年 6 月 30 日。

二、债权范围

例如，某大型超市与某有机食品公司签订一份最高额抵押合同，对一定期间内连续购进该有机食品公司的有机蔬菜所支付的货款提供担保。抵押期间，双方可以约定，在最高额抵押担保的范围内，同时为该有机食品公司出品的有机水果的货款提供担保。

三、最高债权额

当事人可以协议提高或者降低抵押财产担保的最高债权额，如将约定的最高债权额 1000 万元提高至 3000 万元或者降低至 500 万元。

《房屋登记办法》第 55 条规定："申请最高额抵押权变更登记，应当提交下列材料：①登记申请书；②申请人的身份证明；③房屋他项权证书；④最高额抵押权担保的债权尚未确定的证明材料；⑤最高额抵押权发生变更的证明材料；⑥其他必要材料。因最高债权额、债权确定的期间发生变更而申请变更登记的，还应当提交其他抵押权人的书面同意文件。"

102. 集体土地所有权变更登记如何办理?

集体土地因部分被征收等原因致使集体土地权属界线发生变化的，市、县国土资源主管部门应当与农民集体核实后，由不动产登记机构根据有关批准文件，通知所有权人办理变更登记，逾期不申请的，登记机构公告后，一般可以在登记簿上直接注记，并书面告知所有权人。

当然，集体土地所有权的变更登记也应以申请为原则，在土地权属界线发生变化时，集体土地所有权人可以向不动产登记机构申请变更登记。但由于集体土地往往由村民小组、村集体经济组织或村民委员会、乡镇集体经济组织等作为所有权人，所有权人不是一个单个的个体，为了防止"公有地的悲剧"的发生，规定如果权利人不主动向不动产登记机构申请变更登记，不动产登记机构可以通知其办理变更登记，如果集体土地所有人在接到通知后逾期还不申请登记的，不动产登记机构可以在公告之后径直进行集体土地所有权的变更登记。

103. 土地承包经营权变更登记如何办理?

退耕还林、退耕还湖、退耕还草等导致承包土地用途、面积改变的，当事人可以持原不动产权属证书以及其他证明发生变更事实的材料申请土地承包经营权变更登记。

104. 森林、林木所有权变更登记如何办理?

森林、林木的林种、面积等发生变更的，当事人可以持原不动产权属证明以及证明发生变更事实的材料申请森林、林木所有权变更登记。

105. 什么是抵押权的变更登记？

《物权法》第194条规定："抵押权人可以放弃抵押权或者抵押权的顺位。抵押权人与抵押人可以协议变更抵押权顺位以及被担保的债权数额等内容，但抵押权的变更，未经其他抵押权人书面同意，不得对其他抵押权人产生不利影响。债务人以自己的财产设定抵押，抵押权人放弃该抵押权、抵押权顺位或者变更抵押权的，其他担保人在抵押权人丧失优先受偿权益的范围内免除担保责任，但其他担保人承诺仍然提供担保的除外。"

抵押权作为抵押权人享有的一项权利，抵押权人可以放弃抵押权从而放弃其债权就抵押财产优先受偿的权利。抵押权人不行使抵押权或者怠于行使抵押权的，不得推定抵押权人放弃抵押权。抵押权人放弃抵押权的，不必经过抵押人的同意。抵押权人放弃抵押权的，抵押权消灭。抵押权的顺位是抵押权人优先受偿的顺序。抵押权的顺位作为抵押权人享有的一项利益，抵押权人可以放弃其顺位，即放弃优先受偿的次序利益。抵押权人放弃抵押权顺位的，放弃人处于最后顺位，所有后顺位抵押权人的顺位依次递进。

当然，在放弃人放弃抵押权顺位后新设定的抵押权不受该放弃的影响，其顺位仍应在放弃人的抵押权顺位之后。除了放弃之外，抵押权人与抵押人可以协议变更抵押权的顺位以及被担保的债权数额等内容。抵押权顺位的变更是指将同一抵押财产上的数个抵押权的清偿顺序互换。例如，当事人协议将第三顺位的抵押权变更为第一顺位的，那么就会影响原第一顺位与第二顺位抵押权的实现，甚至使他们完全得不到清偿。再如，抵押权人与抵押人协议增加被担保的债权数额的，就会影响后顺位的抵押权人行使其优先受偿的权利。

106. 什么情况下应当进行抵押权变更登记?

有下列情形之一的，权利人应当申请抵押权变更登记：①抵押权顺位变更或抵押权人放弃抵押权顺位的；②最高额抵押担保的债权确定的；③担保范围变更的；④债务履行期限变更的；⑤法律、行政法规规定变更抵押权的其他情形。

107. 申请抵押权变更登记应当提交哪些材料?

申请抵押权变更登记的，当事人应当提交不动产权属证书、抵押人与抵押权人变更抵押权的书面协议和其他证明材料。

因抵押权的顺位、被担保债权的数额发生变更申请抵押权变更登记的，还应提交其他抵押权人的书面同意文件。

《房屋登记办法》第 61 条规定："已经登记在建工程抵押权变更、转让或者消灭的，当事人应当提交下列材料，申请变更登记、转移登记、注销登记：①登记申请书；②申请人的身份证明；③登记证明；④证明在建工程抵押权发生变更、转移或者消灭的材料；⑤其他必要材料。"

108. 地役权变更登记如何办理?

《土地登记办法》第 46 条规定："已经设定地役权的土地使用权转移后，当事人申请登记的，供役地权利人和需役地权利人应当持变更后的地役权合同及土地权利证书等相关证明材料，申请办理地役权变更登记。"

《物权法》第 169 条规定："已经登记的地役权变更、转让或者消灭的，应当及时办理变更登记或者注销登记。"如果地役权虽然已经发生了变动，但没有办理变更登记或者注销登记，则在法律上并没有真正完成物权的变动。从法律效果上来看，只要作为公示内容的物权现状没有变动，便可以视为物权变动没有发生过。例如，当地役权人取得供役地的用益物权，因混同而导致地役权消灭时，就应当即时办理地役权的注销登记，使供役地负担的变化情况及时向公众公示。之所以要求当事人及时办理变更登记或者注销登记，是因为该供役地的用益物权很有可能会转让给第三人，有负担的不动产和没有负担的不动产在价值上是完全不同的，对受让人而言，受让了具有负担的不动产或者简单说是"不干净"的不动产之后，将会使受让人的权利行使受到一定的限制，这样对受让人是不公平的。为了维护不动产登记簿的公示力和公信力，在地役权人办理变更、转让或者注销该地役权登记后，地役权变更才能生效，否则地役权依然存在。这样规定的目的主要是为了保护受让人的利益、防范和化解纠纷。

同时，由于地役权的从属性，需役地以及需役地上的土地承包经营权、建设用地使用权、宅基地使用权部分转让时，转让部分涉及地役权的，受让人同时享有地役权。供役地以及供役地上的土地承包经营权、建设用地使用权、宅基地使用权部分转让时，转让部分涉及地役权的，地役权对受让人具有约束力。

109. 海域使用权变更登记如何办理？

《海域使用管理法》第 27 条规定："因企业合并、分立或者与他人合资、合作经营，变更海域使用权人的，需经原批准用海的人民政府批准。海域使用权可以依法转让。海域使用权转让的具体办法，由国务院规定。海域使用权可以依法继承。"

该法第 28 条规定："海域使用权人不得擅自改变经批准的海域用途；确需改变的，应当在符合海洋功能区划的前提下，报原批准用海的人民政府批准。"

110. 用益物权如何续期?

土地承包经营权、建设用地使用权、海域使用权等用益物权到期后，依照法律规定续期的，权利人应当申请变更登记。例如，《海域使用管理法》第 26 条规定："海域使用权期限届满，海域使用权人需要继续使用海域的，应当至迟于期限届满前二个月向原批准用海的人民政府申请续期。除根据公共利益或者国家安全需要收回海域使用权的外，原批准用海的人民政府应当批准续期。准予续期的，海域使用权人应当依法缴纳续期的海域使用金。"

111. 什么是注销登记?

注销登记是指已经登记的不动产物权如发生了约定或法定的消灭事由，由不动产登记机构将该不动产物权之效力完全消灭的登记。[1]注销登记的结果是将该登记的不动产物权的效力完全归于消灭，该物权将不复存在。不动产物权消灭，当事人申请注销登记的，应当依法提交原不动产物权证明、不动产物权消灭事由证明等材料。当事人未按照规定申请注销登记的，经公告后登记机构一般可以直接办理注销登记。

112. 何种情况下可以进行注销登记?

有下列情况之一的，当事人一般可以自事实发生之日起 15 日内申请注销登记。当事人逾期不申请注销登记的，不动产登记机构经公告后一般可以直接办理注销登记，并书面告知当事人：①因自然

---

〔1〕 向明：《不动产登记制度研究》，华中师范大学出版社 2011 年版，第 150 页。

灾害等原因导致不动产灭失的；②权利人放弃不动产权利的；③不动产权利终止的；④法律、行政法规规定的其他情形。

113. 土地注销登记如何办理？

《土地登记办法》对相关的土地注销登记的情形及流程作了较为细致的规定，第 50 条规定："有下列情形之一的，可直接办理注销登记：①依法收回的国有土地；②依法征收的农民集体土地；③因人民法院、仲裁机构的生效法律文书致使原土地权利消灭，当事人未办理注销登记的。"

第 51 条规定："因自然灾害等原因造成土地权利消灭的，原土地权利人应当持原土地权利证书及相关证明材料，申请注销登记。"

第 52 条规定："非住宅国有建设用地使用权期限届满，国有建设用地使用权人未申请续期或者申请续期未获批准的，当事人应当在期限届满前 15 日内，持原土地权利证书，申请注销登记。"

第 53 条规定："已经登记的土地抵押权、地役权终止的，当事人应当在该土地抵押权、地役权终止之日起 15 日内，持相关证明文件，申请土地抵押权、地役权注销登记。"

第 54 条规定："当事人未按照本办法第 51 条、第 52 条和第 53 条的规定申请注销登记的，国土资源行政主管部门应当责令当事人限期办理；逾期不办理的，进行注销公告，公告期满后可直接办理注销登记。"

第 55 条规定："土地抵押期限届满，当事人未申请土地使用权抵押注销登记的，除设定抵押权的土地使用权期限届满外，国土资源行政主管部门不得直接注销土地使用权抵押登记。"

第 56 条规定："土地登记注销后，土地权利证书应当收回；确实无法收回的，应当在土地登记簿上注明，并经公告后废止。"

114. 房屋注销登记如何办理?

《房屋登记办法》规定了相关的房屋注销登记的操作流程,第38条规定:"经依法登记的房屋发生下列情形之一的,房屋登记簿记载的所有权人应当自事实发生后申请房屋所有权注销登记:①房屋灭失的;②放弃所有权的;③法律、法规规定的其他情形。"

第39条规定:"申请房屋所有权注销登记的,应当提交下列材料:①登记申请书;②申请人身份证明;③房屋所有权证书或者房地产权证书;④证明房屋所有权消灭的材料;⑤其他必要材料。"

第40条规定:"经依法登记的房屋上存在他项权利时,所有权人放弃房屋所有权申请注销登记的,应当提供他项权利人的书面同意文件。"

第41条规定:"经登记的房屋所有权消灭后,原权利人未申请注销登记的,房屋登记机构可以依据人民法院、仲裁委员会的生效法律文书或者人民政府的生效征收决定办理注销登记,将注销事项记载于房屋登记簿,原房屋所有权证收回或者公告作废。"

第48条规定:"经依法登记的房屋抵押权发生下列情形之一的,权利人应当申请抵押权注销登记:①主债权消灭;②抵押权已经实现;③抵押权人放弃抵押权;④法律、法规规定抵押权消灭的其他情形。"

第49条规定:"申请抵押权注销登记的,应当提交下列材料:① 登记申请书;② 申请人的身份证明;③房屋他项权证书;④证明房屋抵押权消灭的材料;⑤其他必要材料。"

115. 填海造地注销登记如何办理?

一般而言,填海项目竣工后,海域使用人应当自竣工并验收合格之日起3个月内,持记载其海域使用权的不动产权属证书,向不动产登记机构申请海域使用权注销登记。完成注销登记后，当事人再申请办理土地权利的首次登记。即只有在注销海域使用权之后，才能办理土地权利的首次登记。

116. 何种情况下需要办理地役权注销登记？

《物权法》第 168 条规定："地役权人有下列情形之一的，供役地权利人有权解除地役权合同，地役权消灭：①违反法律规定或者合同约定，滥用地役权；②有偿利用供役地，约定的付款期间届满后在合理期限内经两次催告未支付费用。"

117. 注销后权属证书如何收回？

不动产登记被依法注销后，应当收回不动产权属证书或者不动产登记证明；确实无法收回或者当事人拒不交回的，不动产登记机构应当在登记簿上注明，并公告废止。

118. 什么是嘱托登记？

嘱托登记是不动产登记机构依据有关机关的嘱托进行的登记，是一种登记程序中的特殊类型。在嘱托登记中，不是由当事人提出登记的申请，而是由有权机关要求登记机构进行登记。[1] 易言之，嘱托登记是有权的国家机关，在履行其职能过程中需要对不动产物权采取强制措施，根据法律规定要求登记机构予以协助办理的登记。与当事人申请的登记不同的是，嘱托登记的结果尽管可能影响私人的物权，但其来源于国家公共事务领域，目的在于实现由公权力而

---

〔1〕 程啸：《不动产登记法研究》，法律出版社 2011 年版，第 564 页。

导致的登记。[1]

119. 嘱托登记与依申请登记有何区别?

一、登记程序启动的原因不同

在依申请登记中,登记程序是因为当事人提出的登记申请而启动的。在嘱托登记中,不动产登记机构是依据法院、政府机关等有权机关的要求而进行相应的不动产登记的。

二、登记机构的审查内容不同

在依申请登记中,登记机构应当对当事人的登记申请进行审查。对于不符合受理条件的会不予受理,对不符合登记条件的会不予登记。但是,在嘱托登记中,不动产登记机构必须受理,而且只需要审查嘱托登记的机关是否为有权机关即可,而不能以不符合登记条件为由拒绝办理登记。2004 年 3 月 1 日起施行的最高人民法院、国土资源部、建设部《关于依法规范人民法院执行和国土资源房地产管理部门协助执行若干问题的通知》第 3 条第 2 款规定:"国土资源、房地产管理部门在协助人民法院执行土地使用权、房屋时,不对生效法律文书和协助执行通知书进行实体审查。国土资源、房地产管理部门认为人民法院查封、预查封或者处理的土地、房屋权属错误的,可以向人民法院提出审查建议,但不应当停止办理协助执行事项。"《土地登记办法》第 64 条也规定:"国土资源行政主管部门在协助人民法院执行土地使用权时,不对生效法律文书和协助执行通知书进行实体审查。国土资源行政主管部门认为人民法院的查封、预查封裁定书或者其他生效法律文书错误的,可以向人民法院

---

[1] 向明:《不动产登记制度研究》,华中师范大学出版社 2011 年版,第 84 ~ 85 页。

提出审查建议，但不得停止办理协助执行事项。"

三、不动产登记机构的法律责任不同

在依申请登记中，不动产登记机构在享有一定审查权的同时，也负担相应的义务。如果因为未尽到相应的审查职责，出现了违法登记，或者出现不予受理、不予登记、超过法定期限没有办结登记等情形，当事人有权提起行政复议或者行政诉讼进行相应的救济。如果因登记机构的登记错误给他人造成损害的，根据《物权法》第21条的规定，登记机构还应当承担赔偿责任。但是，在嘱托登记中，由于登记机构没有审查权，所以无须就因嘱托登记而发生的法律后果负责，该法律后果应由嘱托机关承担。2004年7月20日起施行的最高人民法院《关于行政机关根据法院的协助执行通知书实施的行政行为是否属于人民法院行政诉讼受案范围的批复》规定："行政机关根据人民法院的协助执行通知书实施的行为，是行政机关必须履行的法定协助义务，不属于人民法院行政诉讼受案范围。但如果当事人认为行政机关在协助执行时扩大了范围或违法采取措施造成其损害，提起行政诉讼的，人民法院应当受理。"

最高人民法院《关于审理房屋登记案件若干问题的规定》第2条第1款规定："房屋登记机构根据人民法院、仲裁委员会的法律文书或者有权机关的协助执行通知书以及人民政府的征收决定办理的房屋登记行为，公民、法人或者其他组织不服提起行政诉讼的，人民法院不予受理，但公民、法人或者其他组织认为登记与有关文书内容不一致的除外。"

2006年12月15日最高人民法院办公厅给建设部的《关于房地产管理部门协助人民法院执行造成转移登记错误，人民法院对当事人提起的行政诉讼的受理及赔偿责任问题的复函》指出："根据最高人民法院《关于人民法院民事执行中查封、扣押、冻结财产的规定》（法释〔2004〕15号）第28条规定，对已被人民法院查封的财产，其他人民法院可以进行轮候查封。查封解除的，登记在先的轮候查封即自动生效。在查封尚未解除之前，轮候查封的法院要求协助处置查封标的物的，房地产管理部门应当及时告知查封法院，以便人民法院之间及时协调，在协调期间，协助执行的义务机关暂停协助执行事项。轮候查封的法院违法要求协助义务机关处置查封标的物造成执行申请人损失的，应当进行执行回转，无法执行回转的，根据最高人民法院《关于审理人民法院国家赔偿确认案件若干问题的规定（试行）》（法释〔2004〕10号）第11条第8项的规定，由错误发出协助执行通知的法院承担司法赔偿责任，协助执行义务机关不承担赔偿责任。"

120. 嘱托登记与依职权登记有何区别？

一、使用的登记类型不同

因为不动产登记以申请为基本原则，除非法律另有规定，否则登记机构不得依职权主动进行登记。从我国现行法来看，登记机构能够依职权进行的登记的情形主要是注销登记和更正登记，依职权登记适用的登记类型较少。但是依嘱托登记的适用范围很广，既可以是转移登记、注销登记，也可以是更正登记和查封登记、预查封登记等限制登记。

二、登记行为的可诉性不同

登记机构依职权进行登记时，如果出现登记错误，因该错误而遭受损害的当事人可以针对登记机构提起行政复议或行政诉讼，请求赔偿，进行救济。但是，登记机构依嘱托进行的登记，除非与嘱托不一致，否则不具有可诉性。

121. 哪些机关有权嘱托不动产登记机构办理登记?

一、人民法院

依据《民事诉讼法》、《行政诉讼法》、《刑事诉讼法》等法律的规定,人民法院享有采取财产保全、强制执行等措施的权力,其有权要求不动产登记机构按照自己的要求办理相应的登记。依据法院之嘱托而为的登记是实践中最为常见的嘱托登记。

二、检察机关

《刑事诉讼法》第 18 条第 2 款规定:"贪污贿赂犯罪,国家工作人员的渎职犯罪,国家机关工作人员利用职权实施的非法拘禁、刑讯逼供、报复陷害、非法搜查的侵犯公民人身权利的犯罪以及侵犯公民民主权利的犯罪,由人民检察院立案侦查。对于国家机关工作人员利用职权实施的其他重大的犯罪案件,需要由人民检察院直接受理的时候,经省级以上人民检察院决定,可以由人民检察院立案侦查。"因此检察机关对有些案件享有侦查权。《刑事诉讼法》第 142 条第 1 款规定:"人民检察院、公安机关根据侦查犯罪的需要,可以依照规定查询、冻结犯罪嫌疑人的存款、汇款、债券、股票、基金份额等财产。有关单位和个人应当配合。"

2010 年 5 月 9 日最高人民检察院《人民检察院扣押、冻结涉案款物工作规定》第 17 条规定:"对于应当扣押但不便提取或者不必提取的不动产、生产设备或者其他财物,应当扣押其权利证书,经拍照或者录像后原地封存,或者交持有人或者其近亲属保管,并开列扣押(原地封存)清单一式四份,注明相关物品的详细地址和相关特征,同时注明已经拍照或者录像以及其权利证书已被扣押,由检察人员、见证人和持有人签名或者盖章。启封时应当有见证人、持有人在场并签名或者盖章。持有人拒绝签名、盖章或者不在场的,应当在清单上注明。"因此，检察机关也享有嘱托权。

三、公安机关

公安机关根据《刑事诉讼法》第113条规定："公安机关对已经立案的刑事案件，应当进行侦查，收集、调取犯罪嫌疑人有罪或者无罪、罪轻或者罪重的证据材料。"2013年9月1日颁布的《公安机关办理刑事案件适用查封、冻结措施有关规定》第5条规定："根据侦查犯罪的需要，公安机关可以依法查封涉案的土地、房屋等不动产，以及涉案的车辆、船舶、航空器和大型机器、设备等特定动产。必要时，可以一并扣押证明其财产所有权或者相关权益的法律文件和文书。置于不动产上的设施、家具和其他相关物品，需要作为证据使用的，应当扣押；不宜移动的，可以一并查封。"据此，公安机关也有嘱托权。

四、税务机关

《税收征收管理法》第38条规定，如果纳税人不能提供纳税担保，经县以上税务局（分局）局长批准，税务机关可以采取的税收保全措施包括"扣押、查封纳税人的价值相当于应纳税款的商品、货物或者其他财产"。第40条还规定："从事生产、经营的纳税人、扣缴义务人未按照规定的期限缴纳或者解缴税款，纳税担保人未按照规定的期限缴纳所担保的税款，由税务机关责令限期缴纳，逾期仍未缴纳的，经县以上税务局（分局）局长批准，税务机关可以采取下列强制执行措施：①书面通知其开户银行或者其他金融机构从其存款中扣缴税款；②扣押、查封、依法拍卖或者变卖其价值相当于应纳税款的商品、货物或者其他财产，以拍卖或者变卖所得抵缴税款。"因此，税务机关也有嘱托权。

122. 嘱托登记有哪些类型？

嘱托登记包括嘱托处分登记、嘱托查封登记、嘱托注销登记等几类。嘱托处分登记可以引起不动产物权的变动。嘱托查封登记是对不动产物权处分的一种限制。嘱托注销登记起到消灭不动产物权的作用。

123. 什么是嘱托处分登记？

嘱托处分登记主要是登记机构依据有权机关的嘱托而办理的转移登记。例如，法院要求登记机构将被执行人的房屋转移到申请执行人名下，此时不动产登记机构应当按照法院的协助执行通知书和有关法律文书的内容办理所有权转移登记。《关于依法规范人民法院执行和国土资源房地产管理部门协助执行若干问题的通知》第5条第2款规定："在执行人民法院确认土地、房屋权属的生效法律文书时，应当按照人民法院生效法律文书所确认的权利人办理土地、房屋权属变更、转移登记手续。"

《房屋登记办法》第35条第2款规定："因人民法院或者仲裁委员会生效的法律文书取得房屋所有权，人民法院协助执行通知书要求房屋登记机构予以登记的，房屋登记机构应当予以办理。房屋登记机构予以登记的，应当在房屋登记簿上记载基于人民法院或者仲裁委员会生效的法律文书予以登记的事实。"

124. 什么是嘱托查封登记？

嘱托查封登记是指不动产登记机构依据人民法院或者其他有权机关的嘱托，依照法定程序做出的以限制登记名义人对不动产进行处分为目的的登记。[1] 查封登记是为贯彻查封效力，防止已被查封的不动产被登记名义人再行处分，以致妨害执行或财产保全的效果而进行的一种限制性登记。

125. 查封登记有何限制？

一、一些不动产禁止查封

出于尊重人权和维护社会公共利益的考量，法律不允许将当事人所有的财产进行查封，为查封登记设定了一定的边界。《民事诉讼法》第 244 条规定："被执行人未按执行通知履行法律文书确定的义务，人民法院有权查封、扣押、冻结、拍卖、变卖被执行人应当履行义务部分的财产。但应当保留被执行人及其所扶养家属的生活必需品。"最高人民法院《关于人民法院执行工作若干问题的规定（试行）》第 34 条规定："被执行人为金融机构的，对其交存在人民银行的存款准备金和备付金不得冻结和扣划，但对其在本机构、其他金融机构的存款，及其在人民银行的其他存款可以冻结、划拨，并可对被执行人的其他财产采取执行措施，但不得查封其营业场所。"最高人民法院《关于人民法院民事执行中查封、扣押、冻结财产的规定》第 5 条指出："根据《中华人民共和国缔结条约程序法》，以中华人民共和国、中华人民共和国政府或者中华人民共和国政府部门名义同外国、国际组织缔结的条约、协定和其他具有条约、协定性质的文件中规定免于查封、扣押、冻结的财产"，人民法院不得查封、扣押、冻结。该规定第 6 条明确指出："对被执行人及其所扶养家属生活所必需的居住房屋，人民法院可以查封，但不得拍卖、变卖或者抵债。"第 7 条规定："对于超过被执行人及其所扶养家属生活所必需的房屋和生活用品，人民法院根据申请执行人的申请，在

---

〔1〕 程啸：《不动产登记法研究》，法律出版社 2011 年版，第 580 页。

保障被执行人及其所扶养家属最低生活标准所必需的居住房屋和普通生活必需品后，可予以执行。"《公安机关办理刑事案件适用查封、冻结措施有关规定》第 3 条规定："查封、冻结以及保管、处置涉案财物，必须严格依照法定的适用条件和程序进行。与案件无关的财物不得查封、冻结。查封、冻结涉案财物，应当为犯罪嫌疑人及其所扶养的家属保留必要的生活费用和物品。"第 21 条规定："对以公益为目的的教育、医疗、卫生以及福利机构等场所、设施，保障性住房，原则上不得查封。确有必要查封的，应当经设区的市一级以上公安机关负责人批准。"

对未进行权属登记的特定的不动产也可以进行查封。《公安机关办理刑事案件适用查封、冻结措施有关规定》第 17 条规定："对下列尚未进行权属登记的房屋，公安机关可以按照本规定进行查封：①涉案的房地产开发企业已经办理商品房预售许可证但尚未出售的房屋；②犯罪嫌疑人购买的已经由房地产开发企业办理房屋权属初始登记的房屋；③犯罪嫌疑人购买的已经办理商品房预售合同登记备案手续或者预购商品房预告登记的房屋。"

二、不得超标查封

民事诉讼中，查封的目的在于保障债权人民事权利的实现。因此，只要被查封的财产的价值足以覆盖强制执行之债权或需要保全之债权即可，不得超标的额进行查封，以免损坏被执行人的合法权益。最高人民法院《关于人民法院执行工作若干问题的规定（试行）》第 39 条规定："查封、扣押财产的价值应当与被执行人履行债务的价值相当。"最高人民法院《关于人民法院民事执行中查封、扣押、冻结财产的规定》第 21 条规定："查封、扣押、冻结被执行人的财产，以其价额足以清偿法律文书确定的债权额及执行费用为限，不得明显超标的额查封、扣押、冻结。发现超标的额查封、扣押、冻结的，人民法院应当根据被执行人的申请或者依职权，及时解除对超标的额部分财产的查封、扣押、冻结，但该财产为不可分物且被执行人无其他可供执行的财产或者其他财产不足以清偿债务的除外。"

三、不得重复查封

《民事诉讼法》第103条规定:"财产保全采取查封、扣押、冻结或者法律规定的其他方法。人民法院保全财产后,应当立即通知被保全财产的人。财产已被查封、冻结的,不得重复查封、冻结。"最高人民法院《关于适用〈中华人民共和国民事诉讼法〉若干问题的意见》第282条规定:"人民法院在执行中已依照民事诉讼法第221条、第223条的规定对被执行人的财产查封、冻结的,任何单位包括其他人民法院不得重复查封、冻结或者擅自解冻,违者按照民事诉讼法第102条的规定处理。"

126. 查封登记的期限最长多久?

最高人民法院《关于人民法院民事执行中查封、扣押、冻结财产的规定》第29条规定:"人民法院冻结被执行人的银行存款及其他资金的期限不得超过六个月,查封、扣押动产的期限不得超过一年,查封不动产、冻结其他财产权的期限不得超过二年。法律、司法解释另有规定的除外。申请执行人申请延长期限的,人民法院应当在查封、扣押、冻结期限届满前办理续行查封、扣押、冻结手续,续行期限不得超过前款规定期限的二分之一。"第30条规定:"查封、扣押、冻结期限届满,人民法院未办理延期手续的,查封、扣押、冻结的效力消灭。查封、扣押、冻结的财产已经被执行拍卖、变卖或者抵债的,查封、扣押、冻结的效力消灭。"

《公安机关办理刑事案件适用查封、冻结措施有关规定》第7条规定:"查封期限不得超过二年。期限届满可以续封一次,续封应当经做出原查封决定的县级以上公安机关负责人批准,在期限届满前五日以内重新制作查封决定书和协助查封通知书,送交有关部门协助办理,续封期限最长不得超过一年。案件重大复杂,确需再续封的，应当经设区的市一级以上公安机关负责人批准，在期限届满前五日以内重新制作查封决定书和协助查封通知书，且每次再续封的期限最长不得超过一年。查封期限届满，未办理续封手续的，查封自动解除。公安机关应当及时将续封决定告知有关当事人。"

127. 查封登记有何效力？

《关于依法规范人民法院执行和国土资源房地产管理部门协助执行若干问题的通知》第21条规定："已被人民法院查封、预查封并在国土资源、房地产管理部门办理了查封、预查封登记手续的土地使用权、房屋，被执行人隐瞒真实情况，到国土资源、房地产管理部门办理抵押、转让等手续的，人民法院应当依法确认其行为无效，并可视情节轻重，依法追究有关人员的法律责任。国土资源、房地产管理部门应当按照人民法院的生效法律文书撤销不合法的抵押、转让等登记，并注销所颁发的证照。"该通知第22条规定："国土资源、房地产管理部门对被人民法院依法查封、预查封的土地使用权、房屋，在查封、预查封期间不得办理抵押、转让等权属变更、转移登记手续。国土资源、房地产管理部门明知土地使用权、房屋已被人民法院查封、预查封，仍然办理抵押、转让等权属变更、转移登记手续的，对有关的国土资源、房地产管理部门和直接责任人可以依照民事诉讼法第102条的规定处理。"

《公安机关办理刑事案件适用查封、冻结措施有关规定》第14条规定："国土资源、房地产管理等有关部门对被公安机关依法查封的土地、房屋等涉案不动产，在查封期间不予办理变更、转让或者抵押权、地役权登记。"

《土地登记办法》第69条规定："对被人民法院依法查封、预查封的土地使用权，在查封、预查封期间，不得办理土地权利的变更登记或者土地抵押权、地役权登记。"《房屋登记办法》第22条也规定，房屋被依法查封期间，权利人申请登记的，房屋登记机构应当不予登记。

128. 查封登记如何办理?

《关于依法规范人民法院执行和国土资源房地产管理部门协助执行若干问题的通知》第2条第3款规定:"人民法院执行人员到国土资源、房地产管理部门办理土地使用权或者房屋查封、预查封登记手续时,应当出示本人工作证和执行公务证,并出具查封、预查封裁定书和协助执行通知书。"最高人民法院《关于人民法院民事执行中查封、扣押、冻结财产的规定》第1条规定:"人民法院查封、扣押、冻结被执行人的动产、不动产及其他财产权,应当作出裁定,并送达被执行人和申请执行人。采取查封、扣押、冻结措施需要有关单位或者个人协助的,人民法院应当制作协助执行通知书,连同裁定书副本一并送达协助执行人。查封、扣押、冻结裁定书和协助执行通知书送达时发生法律效力。"

《公安机关办理刑事案件适用查封、冻结措施有关规定》第6条规定:"查封涉案财物需要国土资源、房地产管理、交通运输、农业、林业、民航等有关部门协助的,应当经县级以上公安机关负责人批准,制作查封决定书和协助查封通知书,明确查封财物情况、查封方式、查封期限等事项,送交有关部门协助办理,并及时告知有关当事人。涉案土地和房屋面积、金额较大的,应当经设区的市一级以上公安机关负责人批准,制作查封决定书和协助查封通知书。"第12条规定:"查封土地、房屋等涉案不动产的,应当经县级以上公安机关负责人批准,制作协助查封通知书,明确涉案土地、房屋等不动产的详细地址、权属证书号、权利人姓名或者单位名称等事项,送交国土资源、房地产管理等有关部门协助办理,有关部门应当在相关通知书回执中注明办理情况。侦查人员到国土资源、房地产管理等有关部门办理土地使用权或者房屋查封登记手续时,应当出示本人工作证件,提交查封决定书和协助查封通知书,依照有关办理查封事项。"

《土地登记办法》第 63 条规定："国土资源行政主管部门应当根据人民法院提供的查封裁定书和协助执行通知书，报经人民政府批准后将查封或者预查封的情况在土地登记簿上加以记载。"

129. 什么是预查封登记?

预查封是指对尚未在登记机关进行物权登记但又履行了一定的批准或者备案等预登记手续、被执行人享有未公示或者物权期待权的房地产所采取的控制性措施，即由人民法院制发预查封裁定书和协助执行通知书，由国土资源、房地产管理部门办理预查封登记手续；待该房地产权属登记完结时转为正式查封。之所以创立预查封这样一项制度，是因为被执行人对未经登记的物权或者预期物权享有的仅仅是一种受限或者期待利益，是否能够成为完全的或者真正的权利主体，尚处于不确定的状态。另外，登记主管部门也往往以被执行人没有办理权属登记为由不予办理查封登记。所以，参照房地产买卖过程中的预告登记制度，最高人民法院经与国土资源、房地产管理部门协商，创立了该项制度。[1] 预查封登记是不动产登记机构依据人民法院的预查封裁定书和协助执行通知书办理的以限制不动产处分为目的的一种登记。

《关于依法规范人民法院执行和国土资源房地产管理部门协助执行若干问题的通知》第 15 条规定："下列房屋虽未进行房屋所有权登记，人民法院也可以进行预查封：①作为被执行人的房地产开发企业，已办理了商品房预售许可证且尚未出售的房屋；②被执行人购买的已由房地产开发企业办理了房屋权属初始登记的房屋；③被

---

[1] 葛行军、范向阳："《关于依法规范人民法院执行和国土资源房地产管理部门协助执行若干问题的通知》的理解与适用"，载中华人民共和国最高人民法院执行工作办公室编：《强制执行指导与参考》（2004 年第 1 集），法律出版社 2004 年版，第 31页。

执行人购买的办理了商品房预售合同登记备案手续或者商品房预告登记的房屋。"第16条规定："国土资源、房地产管理部门应当依据人民法院的协助执行通知书和所附的裁定书办理预查封登记。土地、房屋权属在预查封期间登记在被执行人名下的，预查封登记自动转为查封登记，预查封转为正式查封后，查封期限从预查封之日起开始计算。"第17条规定："预查封的期限为二年。期限届满可以续封一次，续封时应当重新制作预查封裁定书和协助执行通知书，预查封的续封期限为一年。确有特殊情况需要再续封的，应当经过所属高级人民法院批准，且每次再续封的期限不得超过一年。"第18条规定："预查封的效力等同于正式查封。预查封期限届满之日，人民法院未办理预查封续封手续的，预查封的效力消灭。"

130. 什么是轮候查封登记?

司法实践中查封经常发生这样的情形：两个以上人民法院执行一个被执行人时，该被执行人只有一处房地产可供执行，先查封的人民法院因法定不得重复查封会排斥其他法院的查封，但先查封的法院因已执行到被执行人的金钱债权或者执行了部分查封物而予以解封时，致其他人民法院本可以继续查封而不能，且往往导致被执行人立即转移解封了的财产，使其他人民法院执行案件的债权人严重受损。也有的人民法院基于地方利益驱动，将被执行人的财产全部查封，用以对抗外地人民法院的查封，然后找准适当时机解封，致该财产流失、外地人民法院执行落空。此问题在进行异地查封时最为突出。为了解决这一问题，最高人民法院确立了查封、预查封的轮候制度。例如，当某一房地产被某一人民法院查封、预查封后，后续送达的查封、预查封裁定并不当然失效，而是按照各个人民法院向国土资源、房地产管理部门送达协助执行通知书的时间先后进行登记排列等候，一旦在先查封的法院依法解除查封、预查封或者查封、预查封自动失效，且原查封或者预查封的房地产尚有可供查封或者预查封的价值时，排列在先的轮候查封或者轮候预查封就自动转为查封或者预查封并依次轮定。[1]

《关于依法规范人民法院执行和国土资源房地产管理部门协助执行若干问题的通知》第19条规定："两个以上人民法院对同一宗土地使用权、房屋进行查封的，国土资源、房地产管理部门为首先送达协助执行通知书的人民法院办理查封登记手续后，对后来办理查封登记的人民法院作轮候查封登记，并书面告知该土地使用权、房屋已被其他人民法院查封的事实及查封的有关情况。"该通知第20条规定："轮候查封登记的顺序按照人民法院送达协助执行通知书的时间先后进行排列。查封法院依法解除查封的，排列在先的轮候查封自动转为查封；查封法院对查封的土地使用权、房屋全部处理的，排列在后的轮候查封自动失效；查封法院对查封的土地使用权、房屋部分处理的，对剩余部分，排列在后的轮候查封自动转为查封。"

131. 何种情况下可以嘱托注销登记?

有下列情形之一的，人民法院或者有关人民政府可以依法通知不动产登记机构办理注销登记：①依法收回国有土地、海域等不动产权利的；②依法征收、没收不动产的；③因人民法院、仲裁机构的生效法律文书致使原不动产权利消灭，当事人未办理注销登记的；④法律、行政法规规定的其他情形。

《关于依法规范人民法院执行和国土资源房地产管理部门协助执行若干问题的通知》第12条规定："人民法院在案件执行完毕后，对未处理的土地使用权、房屋需要解除查封的，应当及时作出裁定

---

[1] 葛行军、范向阳："《关于依法规范人民法院执行和国土资源房地产管理部门协助执行若干问题的通知》的理解与适用"，载中华人民共和国最高人民法院执行工作办公室编：《强制执行指导与参考》（2004年第1集），法律出版社2004年版，第32～33页。

解除查封，并将解除查封裁定书和协助执行通知书送达国土资源、房地产管理部门。"

132. 什么是预告登记？

所谓预告登记是指为保全一项请求权而进行的不动产登记，该请求权所要达到的目的，是在将来发生不动产物权变动。其他的不动产登记都是对现实的不动产物权进行登记，而预告登记所登记的，不是不动产物权，而是将来发生不动产物权变动的请求权。[1]预告登记是一种提前登记。我国《物权法》中有关于预告登记的规定，其第20条规定："当事人签订买卖房屋或者其他不动产物权的协议，为保障将来实现物权，按照约定可以向登记机构申请预告登记。预告登记后，未经预告登记的权利人同意，处分该不动产的，不发生物权效力。"

举例而言，2007年2月1日，李某与甲公司签订了商品房预售合同。双方约定甲公司将某小区的一套房屋卖给李某。合同签订后，李某依照协议约定，交付了首付房款后，于2007年6月入住。因该房屋未到约定办理登记过户时间，李某为保护自己合法权益，于2007年12月1日向房屋登记机构提交了身份证明、商品房预购合同、《预告登记申请书》等材料，对该房屋进行了预告登记。预告登记在不动产登记领域主要是指房地产开发企业达到了《城市房地产管理法》规定的预售条件后，预售人和预购人向不动产登记部门申请的预先登记。预告登记的目的是使房地产开发企业不能一房两卖，以保障预购人将来正式登记的实现。

---

[1] 胡康生主编：《中华人民共和国物权法释义》，法律出版社2007年版，第61页。

133. 预告登记有何特征?

预告登记的本质特征是使被登记的请求权具有了物权的效力。预告登记与一般的不动产登记区别表现在：一般的不动产登记是一种最终登记，是指不动产物权在已经完全可以实现的状态下所进行的登记，而预告登记则是为了保全将来发生的不动产物权而进行的一种登记。预告登记做出后，并不导致不动产物权的设立或变动，而只是使登记申请人取得一种将来发生物权变动的请求权利。纳入预告登记的请求权，对后来发生与该项请求权内容相同的不动产物权的处分行为，具有排他效力，以确保将来只发生该请求权所期待的法律结果。

134. 预告登记有何效力?

预告登记生效期间，未经预告登记的权利人书面同意，欲处分该不动产权利并申请登记的，不动产登记机构不予受理。

《物权法》第20条第2款规定："预告登记后，债权消灭或者自能够进行相应的不动产登记之日起三个月内当事人未申请不动产登记的，预告登记失效。"

135. 何种情况可以申请预告登记?

有下列情形之一的，当事人可以按照约定申请不动产预告登记：①不动产买卖、抵押的；②商品房等不动产预售的；③以预售商品房等不动产设定抵押权的；④法律、行政法规规定的其他情形。

136. 预告登记如何办理?

预售人和预购人订立商品房买卖合同后,预售人未按照约定与预购人申请预告登记,预购人可以单方申请预告登记。

预购人单方申请预购商品房预告登记时,预售人与预购人在商品房预售合同中对预告登记附有条件和期限的,预购人应当提交相应的证明材料。

《土地登记办法》第62条规定:"当事人签订土地权利转让的协议后,可以按照约定持转让协议申请预告登记。对符合预告登记条件的,国土资源行政主管部门应当将相关事项记载于土地登记簿,并向申请人颁发预告登记证明。"

《房屋登记办法》第70条规定:"申请预购商品房预告登记,应当提交下列材料:①登记申请书;②申请人的身份证明;③已登记备案的商品房预售合同;④当事人关于预告登记的约定;⑤其他必要材料。预购人单方申请预购商品房预告登记,预售人与预购人在商品房预售合同中对预告登记附有条件和期限的,预购人应当提交相应的证明材料。"

《房屋登记办法》第71条规定:"申请预购商品房抵押权预告登记,应当提交下列材料:①登记申请书;②申请人的身份证明;③抵押合同;④主债权合同;⑤预购商品房预告登记证明;⑥当事人关于预告登记的约定;⑦其他必要材料。"

《房屋登记办法》第72条规定:"申请房屋所有权转移预告登记,应当提交下列材料:①登记申请书;②申请人的身份证明;③房屋所有权转让合同;④转让方的房屋所有权证书或者房地产权证书;⑤当事人关于预告登记的约定;⑥其他必要材料。"

《房屋登记办法》第73条规定:"申请房屋抵押权预告登记的,应当提交下列材料:①登记申请书;②申请人的身份证明;③抵押合同;④主债权合同;⑤房屋所有权证书或房地产权证书,或者房屋所有权转移登记的预告证明；⑥当事人关于预告登记的约定；
⑦其他必要材料。"

137. 预告登记如何自动转换成首次登记？

预告登记后，当事人申请办理预购商品房房屋所有权首次登记
的，应当提交预售商品房预告登记证明等材料。

预购商品房办理所有权首次登记后，无须当事人的申请，预购
商品房抵押权预告登记自动转换为商品房抵押权首次登记。

138. 预告登记如何注销？

当事人申请注销预告登记的，应当依法提交原预告登记证明、
预告登记消灭事由证明等材料。预告登记自注销之日起丧失法律
效力。

139. 什么是更正登记？

更正登记是对不正确的不动产登记进行更正的登记程序。[1] 更
正登记通过对登记簿上不正确登记的纠正，使登记权利状态符合事
实权利状态，进而避免真正权利人因登记公信力受到损害。更正后
的登记自始即发生效力，所以更正登记可以封锁后来的物权变更登
记，也就是说，更正登记以后就必须以登记簿上所记载更正后的登
记作为物权变动的基础，仍基于先前不正确登记所为的物权变更登
记不发生登记的效力。[2]《物权法》第 19 条第 1 款规定："权利人、

---

〔1〕 孙宪忠：《德国当代物权法》，法律出版社 1997 年版，第 130 页。
〔2〕 李昊、常鹏翱、叶金强、高润恒：《不动产登记程序的制度建构》，北京大学
出版社 2005 年版，第 382～383 页。

利害关系人认为不动产登记簿记载的事项错误的，可以申请更正登记。不动产登记簿记载的权利人书面同意更正或者有证据证明登记确有错误的，登记机构应当予以更正。"

140. 更正登记有几种类型？

一、当事人申请更正登记

不动产更正登记可由登记权利人和登记义务人申请。登记权利人是指因登记而直接受利益者。登记义务人是指因登记而直接影响其利益的人。例如，本属于甲的不动产因登记机构的过失而错误地登记在乙的名下，此时甲可因更正登记而受利益，为登记权利人；乙则因更正登记而丧失登记名义人的资格，为登记义务人。

二、不动产登记机关径行更正登记

从国家管理的角度来说，不正确的不动产登记歪曲了不动产权利的真实状态，必将影响国家治理目标的实现。如果不动产权利人、利害关系人未发现或者即使发现而怠于申请更正登记，国家有必要基于公共利益的考量，在一定情形下主动纠正该不正确的不动产登记。当然，更正登记应当以当事人申请为原则，不动产登记机关径行更正登记为例外。因此，由于更正登记涉及当事人不动产物权的权利有无和权利范围，对当事人的利益影响巨大，不动产登记机构径行更正登记的，应当严格按照法律的规定及法定的程序来办理，严格限制更正登记的范围，以避免径行变更登记的随意性。

141. 更正登记有何效力？

更正登记期间，登记簿记载的权利人因处分其不动产权利申请登记的，不动产登记机构应当暂缓办理。

142. 如何依申请更正登记?

权利人、利害关系人认为不动产登记簿记载错误，申请更正登记的，应当提交证明不动产登记簿记载错误的材料。利害关系人申请更正登记的，应当提供人民法院、仲裁机构生效的法律文书等。

不动产登记簿记载确有错误，并且错误登记之后没有发生权利处分或者预告登记、异议登记的，登记机构应当予以更正，并为权利人换发不动产权属证书或者不动产登记证明。

《土地登记办法》第58条规定："国土资源行政主管部门发现土地登记簿记载的事项确有错误的，应当报经人民政府批准后进行更正登记，并书面通知当事人在规定期限内办理更换或者注销原土地权利证书的手续。当事人逾期不办理的，国土资源行政主管部门报经人民政府批准并公告后，原土地权利证书废止。更正登记涉及土地权利归属的，应当对更正登记结果进行公告。"该办法第59条规定："土地权利人认为土地登记簿记载的事项错误的，可以持原土地权利证书和证明登记错误的相关材料，申请更正登记。利害关系人认为土地登记簿记载的事项错误的，可以持土地权利人书面同意更正的证明文件，申请更正登记。"

《土地登记规则》第71条规定："土地登记后，发现错登或者漏登的，土地管理部门应当办理更正登记；利害关系人也可以申请更正登记。"

《房屋登记办法》第74条规定："权利人、利害关系人认为房屋登记簿记载的事项有错误的，可以提交下列材料，申请更正登记：①登记申请书；②申请人的身份证明；③证明房屋登记簿记载错误的材料。利害关系人申请更正登记的，还应当提供权利人同意更正的证明材料。房屋登记簿记载确有错误的，应当予以更正；需要更正房屋权属证书内容的，应当书面通知权利人换领房屋权属证书；房屋登记簿记载无误的，应当不予更正，并书面通知申请人。"

《房屋登记办法》第75条规定："房屋登记机构发现房屋登记簿的记载错误，不涉及房屋权利归属和内容的，应当书面通知有关权利人在规定期限内办理更正登记；当事人无正当理由逾期不办理更正登记的，房屋登记机构可以依据申请登记材料或者有效的法律文件对房屋登记簿的记载予以更正，并书面通知当事人。对于涉及房屋权利归属和内容的房屋登记簿的记载错误，房屋登记机构应当书面通知有关权利人在规定期限内办理更正登记；办理更正登记期间，权利人因处分其房屋权利申请登记的，房屋登记机构应当暂缓办理。"

《林木和林地权属登记管理办法》第17条规定："发现林权证错、漏登记的或者遗失、损坏的，有关林权权利人可以到原林权登记机关申请更正或者补办。"

《海域使用权管理办法》第25条规定："海域使用权人或者利害关系人发现登记有误，可以持以下材料向原登记机关申请更正。经审核属实的，予以更正：①海域使用权登记申请表；②营业执照、法定代表人身份证明、个人身份证明；③海域使用权证书；④证明更正内容真实性的材料。"

《海域使用权管理办法》第26条规定："登记机关发现登记有误的，应当及时更正，并通知海域使用权人。"

2010年7月1日起施行的《水域滩涂养殖发证登记办法》第14条第2款规定："水域滩涂养殖权人、利害关系人认为登记簿记载的事项错误的，可以申请更正登记。登记簿记载的权利人书面同意更正或者有证据证明登记确有错误的，县级以上地方人民政府渔业行政主管部门应当予以更正。"

143. 什么是异议登记?

异议登记是将事实上的权利人以及利害关系人对不动产登记簿记载的权利所提出的异议记入登记簿。异议登记的法律效力是登记簿上所记载权利失去正确性推定的效力，第三人也不得主张依照登记的公信力而受到保护。[1] 异议登记是和更正登记相衔接的制度。更正登记的目的是为了保护事实上的权利人的物权，许可真正的权利人或者利害关系人依据真正的权利状态对不动产登记簿记载的内容进行更正。但是更正登记有严格的程序，需要的时间较长，争议一时难以化解。建立异议登记制度的意义就是为维护真正权利人利益而采取的临时保护措施。异议登记虽然可以对真正权利人提供保护，但这种保护应当是临时性的，必须要考虑与不动产物权稳定性的平衡。为使得不动产物权的不稳定状态早日恢复正常，法律必须对异议登记的有效期间做出限制。

因此，《物权法》规定申请人在异议登记之日起 15 日内不起诉的，异议登记失效。申请人不积极行使其权利，为使登记簿上记载的权利人的利益和正常的交易秩序不致受到严重的影响，法律规定该异议登记这时失去效力。为避免异议登记的滥用，《物权法》还规定因异议登记不当造成权利人损害的，权利人可以向申请人请求损害赔偿。

144. 异议登记有何特点？

《物权法》第 19 条第 2 款规定："不动产登记簿记载的权利人不同意更正的，利害关系人可以申请异议登记。登记机构予以异议登记的，申请人在异议登记之日起 15 日内不起诉，异议登记失效。异议登记不当，造成权利人损害的，权利人可以向申请人请求损害赔偿。"异议登记有以下特点。

第一，行为的暂时性。异议登记是本登记前的一项登记。

第二，行为的限定性。异议登记是限制登记行为的一种，对登

---

[1] 胡康生主编：《中华人民共和国物权法释义》，法律出版社 2007 年版，第 59~60 页。

记名义人处分权的限制达到保全登记权利人请求权的目的。

第三，行为的保障性。异议登记是保全登记行为之一，目的是确保登记权利人应得权利的实现。

第四，行为的非公信性。异议登记在法理上成立时其前的登记归于无效，反之则有效，异议登记本身不具公信力。

第五，行为的自由性。异议登记成立时可以直接注销无效的登记，而不需不动产利害关系人的同意，此点与预告登记有差异。[1]

145. 异议登记如何办理?

利害关系人申请异议登记的，应当提交不动产登记簿记载错误以及对登记的不动产权利有利害关系的证明材料。

申请人不能提供起诉证明材料的，异议登记自动失效。原申请人就同一事实和理由再次申请异议登记的，不动产登记机构不予受理。

《土地登记办法》第60条规定："土地登记簿记载的权利人不同意更正的，利害关系人可以申请异议登记。对符合异议登记条件的，国土资源行政主管部门应当将相关事项记载于土地登记簿，并向申请人颁发异议登记证明，同时书面通知土地登记簿记载的土地权利人。异议登记期间，未经异议登记权利人同意，不得办理土地权利的变更登记或者设定土地抵押权。"

《土地登记办法》第61条规定："有下列情形之一的，异议登记申请人或者土地登记簿记载的土地权利人可以持相关材料申请注销异议登记：①异议登记申请人在异议登记之日起15日内没有起诉的；②人民法院对异议登记申请人的起诉不予受理的；③人民法院对异议登记申请人的诉讼请求不予支持的。异议登记失效后，原申

---

〔1〕 谭峻:《建筑物区分所有权与不动产登记制度研究》，知识产权出版社2012年版，第219~220页。

请人就同一事项再次申请异议登记的，国土资源行政主管部门不予受理。"

《房屋登记办法》第76条规定："利害关系人认为房屋登记簿记载的事项错误，而权利人不同意更正的，利害关系人可以持登记申请书、申请人的身份证明、房屋登记簿记载错误的证明文件等材料申请异议登记。"

《房屋登记办法》第78条规定："异议登记期间，房屋登记簿记载的权利人处分房屋申请登记的，房屋登记机构应当暂缓办理。权利人处分房屋申请登记，房屋登记机构受理登记申请但尚未将申请登记事项记载于房屋登记簿之前，第三人申请异议登记的，房屋登记机构应当中止办理原登记申请，并书面通知申请人。"

《房屋登记办法》第79条规定："异议登记期间，异议登记申请人起诉，人民法院不予受理或者驳回其诉讼请求的，异议登记申请人或者房屋登记簿记载的权利人可以持登记申请书、申请人的身份证明、相应的证明文件等材料申请注销异议登记。"

《林木和林地权属登记管理办法》第12条规定："在公告期内，有关利害关系人如对登记申请提出异议，登记机关应当对其所提出的异议进行调查核实。有关利害关系人提出的异议主张确实合法有效的，登记机关对登记申请应当不予登记。"

146. 什么是信托登记？

信托是指委托人基于对受托人的信任，将其财产转移给受托人，受托人按照委托人的意愿以自己的名义，为受益人的利益或特定目的，管理或处分财产的关系。[1]不动产信托从形式上、内容上可以进行不同的定义。"形式说"以信托成立时信托财产的形式为标准，

---

〔1〕 吴弘、许淑红、张斌：《不动产信托与证券化法律研究》，上海交通大学出版社2005年版，第1页。

认为只有委托物为不动产时，才可能成立不动产信托。有学者认为不动产信托是以土地及地面固定物为信托财产的信托，是以管理和出卖土地、房屋为标的物的信托。[1]"内容说"则不问信托财产的形式，只要信托在运用过程中牵涉到不动产的管理，就应当纳入到不动产信托的范围。有学者认为，不动产信托是以出卖、管理房地产为主的信托，其收益主要来自房租或地租。[2]

我国《信托法》于 2001 年 10 月 1 日起施行。按照该法第 2 条的规定，信托是指"委托人基于对受托人的信任，将其财产权委托给受托人，由受托人按委托人的意愿以自己的名义，为受益人的利益或者特定目的，进行管理或者处分的行为"。

147. 不动产信托有何意义？

不动产信托是以土地及地面固定物为信托财产的信托，是以管理和出卖土地、房屋为标的物的信托。[3]不动产信托可以为权利人保管、管理、处分不动产，可以改善不动产使用效率，可以提高不动产开发利用、加快不动产的流通。

148. 不动产信托登记的效力如何？

《信托法》第 10 条规定："设立信托，对于信托财产，有关法律、行政法规规定应当办理登记手续的，应当依法办理信托登记。未依照前款规定办理信托登记的，应当补办登记手续；不补办的，

---

〔1〕 瞿宝忠、戴昌钧、杨勇刚：《信托投资实务》，东方出版中心 1998 年版，第 222 页。

〔2〕 朱文军："新信托投资理财新渠道"，载《山西日报》2002 年 9 月 27 日第 4 版。

〔3〕 吴弘、许淑红、张斌："不动产信托与证券化法律研究"，上海交通大学出版社 2005 年版，第 36 页。

该信托不产生效力。"

因此，我国不动产信托采用的是登记生效主义，即设立不动产信托必须登记，不登记则不生效。

149. 信托登记如何办理?

《信托法》第7条规定："设立信托，必须有确定的信托财产，并且该信托财产必须是委托人合法所有的财产。本法所称财产包括合法的财产权利。"

因此，信托财产既可以是财产，也包括财产权利。信托主要又分为房地产信托和土地信托。土地信托主要是对土地使用权、农地承包经营权等设立的信托。

《信托法》第8条规定："设立信托，应当采取书面形式。书面形式包括信托合同、遗嘱或者法律、行政法规规定的其他书面文件等。采取信托合同形式设立信托的，信托合同签订时，信托成立。采取其他书面形式设立信托的，受托人承诺信托时，信托成立。"

《信托法》第9条规定信托合同等书面文件应当载明下列事项："①信托目的；②委托人、受托人的姓名或者名称、住所；③受益人或者受益人范围；④信托财产的范围、种类及状况；⑤受益人取得信托利益的形式、方法。"

可以载明的事项是：信托期限、信托财产的管理方法、受托人的报酬、新受托人的选任方式、信托终止事由等。

《信托法》第14条规定："受托人因承诺信托而取得的财产是信托财产。受托人因信托财产的管理运用、处分或者其他情形而取得的财产，也归入信托财产。法律、行政法规禁止流通的财产，不得作为信托财产。法律、行政法规限制流通的财产，依法经有关主管部门批准后，可以作为信托财产。"

《信托法》第19条规定："委托人应当是具有完全民事行为能力的自然人、法人或者依法成立的其他组织。"

《信托法》第 24 条规定："受托人应当是具有完全民事行为能力的自然人、法人。法律、行政法规对受托人的条件另有规定的，从其规定。"

第四章　登记信息共享与保护

150. 什么是不动产登记资料依法公开查询制度?

不动产登记资料的公开查询是指为方便单位和个人查询不动产权利状况、保障不动产权利人的合法权益,实行的不动产登记资料可以公开查询的措施。[1]

一、我国目前对不动产登记资料查询的相关规定

《物权法》第18条规定:"权利人、利害关系人可以申请查询、复制登记资料,登记机构应当提供。"由此,国家建立了不动产登记资料依法查询制度。《土地管理法实施条例》第3条第3款规定:"土地登记资料可以公开查询。"《土地登记办法》第72条规定:"国家实行土地登记资料公开查询制度。土地权利人、利害关系人可以申请查询土地登记资料,国土资源行政主管部门应当提供。"2000年11月2日国家林业局颁布的《林木和林地权属登记管理办法》第20条规定:"登记机关应当公开登记档案,并接受公众查询。"2002年12月4日国土资源部颁布了《土地登记资料公开查询办法》,2006年10月8日建设部颁布了《房屋权属登记信息查询暂行办法》,对土地和房屋的查询进一步做了明确的规定。对于查询复制费的收

---

〔1〕 张颖:"对不动产登记信息公开查询制度的思考",载中国土地矿产法律事务中心编:《国土资源政策法律研究成果选编》(2013~2014),中国法制出版社2015年版,第132页。

取，没有全国统一的标准，可谓乱象丛生。一些地方和机构借机收取较高的信息查询费、档案复制费，这些都应当予以纠正。按照目前的规划，从 2015 年下半年开始陆续完成不动产登记操作系统软件与信息平台的对接，提供不动产登记信息查询服务。[1] 应当在暂行条例实施细则中规定全国统一的查询收费标准。

二、不动产登记查询要把握保障查询权与保护隐私权的平衡

应在不动产登记环节设置保护公民隐私权的条款，非利害关系人未经许可不得查阅权利人的不动产信息。司法机关获得具有法律效力的文书之后，才能依照法定的程序查阅不动产登记信息。如果在不动产登记和信息披露的过程中损害了公民的隐私权，那么，不动产登记制度可能会引发更多的矛盾。

最近闹得沸沸扬扬的薄熙来法国别墅案件，可以从一个侧面充分说明问题。法国是世界上不动产登记制度相对完备的国家，无论是法人登记还是个人登记，在法国都受到法律的严格保护，任何人包括中国的新闻记者未经司法机关许可，都不得查阅或者复制不动产登记信息。一些新闻媒体通过公开的商业登记资料按图索骥，找到了这处不动产，但是，正如人们所知道的那样，由于法国政府强调公民的隐私权，因此，除了从一些商业公司获得公开的别墅信息资料之外，中国新闻媒体根本无法从法国政府正式渠道获得相关的不动产登记信息。[2]

三、开展异地查询的探索和尝试

《暂行条例》要求各级不动产登记机构登记的信息应当纳入统一

---

〔1〕 郄建荣：“国土部正抓紧制定不动产登记相关政策和标准，明年下半年提供登记信息查询服务”，载《法制日报》2014 年 12 月 23 日第 6 版。

〔2〕 乔新生：“对不动产登记不能期望过高”，载《法制日报》2014 年 12 月 23 日第 7 版。

的不动产登记信息管理基础平台，并确保国家、省、市、县四级登记信息的实时共享。为方便当事人查询不动产登记资料，应当逐步开展异地查询的探索和尝试，以方便查询，节省当事人的时间成本以及社会成本。例如，可以在北京查询登记在上海的不动产登记资料。

151. 可以查询哪些不动产登记资料？

按照不动产登记申请、审核的流程，不动产登记资料可以分为当事人申请登记材料、登记机构审核材料、不动产登记簿三部分。当事人申请登记材料包括登记申请表、身份证件、买卖合同、抵押合同、抵押权合同、法院或仲裁机构的法律文书及其生效证明、公证机构具有强制执行力的债权文书等。登记机构审核材料是指不动产登记机构在审核当事人的申请时形成的材料，包括受理意见书、审核意见书等。

《房屋权属登记信息查询暂行办法》第3条规定："本办法所称房屋权属登记信息，包括原始登记凭证和房屋权属登记机关对房屋权利的记载信息。"

该办法第4条规定："房屋原始登记凭证包括房屋权利登记申请表，房屋权利设立、变更、转移、消灭或限制的具体依据，以及房屋权属登记申请人提交的其他资料。"

该办法第5条规定："房屋权属登记机关对房屋权利的记载信息，包括房屋自然状况（坐落、面积、用途等），房屋权利状况（所有权情况、他项权情况和房屋权利的其他限制等），以及登记机关记载的其他必要信息。已建立房屋权属登记簿（登记册）的地方，登记簿（登记册）所记载的信息为登记机关对房屋权利的记载信息。"

《土地登记资料公开查询办法》第2条规定："本办法所称土地登记资料，是指：①土地登记结果，包括土地登记卡和宗地图；②原始登记资料，包括土地权属来源文件、土地登记申请书、地籍调查表和地籍图。对前款第①项规定的土地登记结果，任何单位和个人都可以依照本办法的规定查询。"

152. 谁可以查询不动产登记资料？

按照我国《物权法》第18条的规定，只有权利人、利害关系人才可以申请查询、复制不动产登记资料。虽然不动产登记是物权公示效力的要求，但是不动产一定意义上而言毕竟属于私权，是私人的财产权，不应当允许所有人都可以查询不动产登记，应当为不动产查询的主体设定一个边界。不动产登记资料只要能够满足合同双方当事人以外或者物权权利人以外的人中可能和这个物权发生联系的这部分人的要求，就达到了登记的目的和物权公示的目的了。如果不加区别地认为所有人都可以去查询、复制登记资料，实际上是一种误导，做了没有必要做的事情，甚至会带来没有必要的麻烦。[1]同时，物权的公示"并不一定意味着要将物权设立和转移的事实向全社会公开，登记的内容不一定向每一个人公开。对于毫无交易意愿的人，登记机构就没有向其提供查阅资料的义务，因为这些资料可能涉及登记权利人的隐私或者商业秘密"。[2]

一、权利人

权利人是指不动产的登记权利人，是在不动产登记簿上记载的不动产物权人，如房屋的所有权人、房屋的抵押权人、地役权人、建设用地使用权人等。权利人可以本人申请查询、复制登记资料，也可以委托他人查询、复制登记资料。

---

〔1〕 胡康生主编：《中华人民共和国物权法释义》，法律出版社2007年版，第57～58页。

〔2〕 王利明：《物权法研究》（上卷），中国人民大学出版社2007年版，第338页。

二、利害关系人

利害关系人是指与登记的不动产具有法律上的利害关系的人，它不仅包括交易的当事人，也包括与登记权利人发生其他法律纠纷的人，具体而言，可以包括如下的范围。

一是，以登记的不动产为标的物的债权人。例如房屋买卖合同中的买受人、土地使用权转让合同中的受让人、房屋租赁合同中的承租人、抵押合同中的抵押人等。这类债权人在向登记机构申请查询、复制登记资料时应当提供其与不动产权利人之间订立的合同。

二是，与登记的不动产权利人之间虽然没有订立以登记的不动产为标的物的合同，但是已针对该不动产权利人提起了诉讼或者申请了仲裁的当事人。例如，甲与乙签订了民间借贷合同，甲借给乙人民币100万元，但乙逾期未还，甲将乙诉至人民法院，同时对乙申请了财产保全，甲向不动产登记机构申请查询、复制乙名下的一套房屋。此时甲就属于利害关系人。在提交法院、仲裁机构的立案通知书等材料后，不动产登记机构应当准予并配合查询。

三是，登记权利人破产时，其所有的债权人均属于利害关系人，有权申请查询、复制不动产登记资料。在进行查询时，应向不动产登记机构提交法院裁定进入破产程序的文书及证明其是债权人的法律文件。在后续不动产登记实施细则的制定中，应当进一步明确利害关系人的范围，设定利害关系人的边界，以确保权利人的不动产私权不受侵犯。

如果不动产登记机构以各种理由拒绝权利人、利害关系人合理的查询申请，权利人和利害关系人可以依法提起行政复议或径直提出行政诉讼。最高人民法院《关于审理房屋登记案件若干问题的规定》第1条明确规定："公民、法人或者其他组织对房屋登记机构的房屋登记行为以及与查询、复制登记资料等事项相关的行政行为或者相应的不作为不服，提起行政诉讼的，人民法院应当依法受理。"

三、有权的国家机关

公安机关、检察机关、审判机关、税务机关等有权的国家公权力机关，基于办理案件的工作需要，可以按照相应的程序，向不动产登记机构申请查询、复制登记信息。

153. 如何查询土地登记资料?

《土地登记资料公开查询办法》规定了土地登记资料的查询程序。第 7 条规定："查询人查询土地登记资料，应当向查询机关提供本人的身份证明，并填写查询申请表。查询人为法人或者其他组织的，还应当提交单位的证明文件。查询原始登记资料的，除提交前款规定的材料外，还应当按照下列规定提交有关证明文件：①土地权利人应当提交其权利凭证；②取得土地权利人同意的单位和个人应当提交土地权利人同意查询的证明文件、土地权利人的权利凭证和土地权利人的身份证明；③国家安全机关、公安机关、检察机关、审判机关和纪检监察部门应当提交本单位出具的查询证明以及执行查询任务的工作人员的工作证件。"

第 8 条规定："有下列情形之一的，查询机关可以不提供查询。但应当自收到查询申请之日起 3 日内将不提供查询的理由告知查询人：①申请查询的土地不在登记区内的；②查询人未能按照本办法第 7 条的规定提交合法的证明文件或者证明文件不齐全的；③申请查询的内容超出本办法规定的查询范围的；④法律、法规规定不提供查询的。"

第 9 条规定："对符合本办法规定的查询申请，查询机关应当当场提供查询；因情况特殊，不能当场提供查询的，应当在 5 日内提供查询。"

第 10 条规定："查询人查询土地登记资料，应当在查询机关设定的场所进行。任何单位和个人不得擅自将土地登记资料带离设定的场所。查询人在查询时应当保持土地登记资料的完好，不得对土地登记资料进行圈点、划线、注记、涂改或者拆页，也不得损坏查询设备。"

第 11 条规定："查询人可以阅读或者自行抄录土地登记资料。应查询人要求，查询机关可以摘录或者复制有关的土地登记资料。查询机关摘录或者复制的土地登记结果，查询人请求出具查询结果证明的，查询机关经审核后可以出具查询结果证明。查询结果证明应当加盖查询机关印章，并注明日期。查询结果证明复制无效。对无土地登记结果的，应查询人请求，查询机关可以出具无土地登记记录的书面证明。"

《暂行条例》第 28 条规定："查询不动产登记资料的单位、个人应当向不动产登记机构说明查询目的。"因此，在查询时申请人应当向不动产登记机构说明查询目的，并且通过查询获得的不动产登记资料的使用也应当符合这一查询目的。

154. 如何查询房屋登记资料?

《房屋权属登记信息查询暂行办法》针对查询房屋登记资料规定了具体查询流程。

第 11 条规定："查询房屋权属登记信息，应填写《房屋权属登记信息查询申请表》，明确房屋坐落（室号、部位）或权属证书编号，以及需要查询的事项，并出具查询人的身份证明或单位法人资格证明。查询房屋原始登记凭证的，除提交前款规定的材料外，还应当分别按照下列规定提交有关证明文件：①房屋权利人应提交其权利凭证；②继承人、受赠人和受遗赠人应当提交发生继承、赠与和受遗赠事实的证明材料；③国家安全机关、公安机关、检察机关、审判机关、纪检监察部门、证券监管部门应当提交本单位出具的查询证明以及执行查询任务的工作人员的工作证件；④公证机构、仲裁机构应当提交本单位出具的查询证明、当事人申请公证或仲裁的证明，以及执行查询任务的工作人员的工作证件；⑤仲裁、诉讼案件的当事人应当提交仲裁机构或者审判机关受理案件的证明，受理的案件须与当事人所申请查询的事项直接相关；⑥涉及本法第9条规定情形的，应当提交国家安全、军事等机关同意查询的证明。委托查询的，除按上述规定提交材料外，受托人还应当提交载明查询事项的授权委托书和本人身份证明。"

第12条规定："符合本办法规定的查询申请，查询机构应及时提供查询服务。不能及时提供查询服务或无法提供查询的，应向查询人说明理由。"

第13条规定："查询房屋权属登记信息，应当在查询机构指定场所内进行。查询人不得损坏房屋权属登记信息的载体，不得损坏查询设备。查询原始登记凭证，应由查询机构指定专人负责查询，查询人不能直接接触原始登记凭证。"

第14条规定："查询人要求出具查询结果证明的，查询机构经审核后，可以出具查询结果证明。查询结果证明应注明查询日期及房屋权属信息利用用途。下列不能查询情形的，查询机构可以出具无查询结果的书面证明：①按查询人提供的房屋坐落或权属证书编号无法查询的；②要求查询的房屋尚未进行权属登记的；③要求查询的事项、资料不存在的。"

155. 查询人有何保密义务？

《暂行条例》第28条规定："查询不动产登记资料的单位、个人应当向不动产登记机构说明查询目的，不得将查询获得的不动产登记资料用于其他目的；未经权利人同意，不得泄露查询获得的不动产登记资料。"

因不动产物权属于私权，应当对不动产登记信息进行特别严格的法律保护。查询人对通过查询获得的不动产登记资料的使用应当符合查询的目的，不得超出查询目的来使用。查询不动产登记资料的单位、个人不得将查询获得的不动产登记资料用于其他目的；未经权利人同意不得向社会或者他人泄露查询获得的不动产登记资料。登记资料中涉及国家秘密、商业秘密、当事人隐私的，查询人应当保守秘密，不得侵犯其合法利益。

《土地登记资料公开查询办法》第12条规定："涉及国家秘密的土地登记资料的查询，按照保守国家秘密法的有关规定执行。"第15条规定："查询人非法使用查询结果，给当事人造成损失的，应当依法承担赔偿责任；构成犯罪的，依法追究刑事责任。"《房屋权属登记信息查询暂行办法》第15条规定："查询机构及其工作人员应当对房屋权属登记信息的内容保密，不得擅自扩大登记信息的查询范围。"第16条规定："查询人对查询中涉及的国家机密、个人隐私和商业秘密负有保密义务，不得泄露给他人，也不得不正当使用。"

《海域使用权登记办法》第29条第4款规定："查询资料涉及国家秘密的，按照国家有关保密的法律法规执行。"《无居民海岛使用权登记办法》第27条第4款规定："查询资料涉及国家秘密的，按照国家有关保密的法律法规执行。"2005年5月27日国家税务总局、财政部、建设部颁布的《关于加强房地产税收管理的通知》第2条规定："各级地方税务、财政部门从房地产管理部门获得的房地产交易登记资料，只能用于征税之目的，并有责任予以保密。违反规定的，要追究责任。"

156. 为什么要建设全国不动产登记信息管理基础平台？

《暂行条例》第23条规定："国务院国土资源主管部门应当会同有关部门建立统一的不动产登记信息管理基础平台。各级不动产登记机构登记的信息应当纳入统一的不动产登记信息管理基础平台，确保国家、省、市、县四级登记信息的实时共享。"

四级登记信息的实时共享，可以更准确、及时地提供不动产数据，可以为税收、房价调控等提供决策依据，又可以革除不正当的地方利益。《国家新型城镇化规划（2014～2020年)》提出，要"健全城镇住房制度"，建立以土地为基础的不动产统一登记制度，实现全国住房信息联网，推进部门信息共享。[1]《暂行条例》公布之前，根据国土资源部的消息，从2014年开始，用3年左右时间能够全面实施不动产统一登记制度，用4年左右时间能够运行统一的不动产登记信息管理基础平台，形成不动产统一登记体系。目前，总的考虑是，2014年建立统一登记的基础性制度，2015年推进统一登记制度的实施过渡，2016年全面实施统一登记制度，2018年前，不动产登记信息管理基础平台投入运行，不动产统一登记体系基本形成。[2]

《暂行条例》公布后，国土资源部地籍司（不动产登记局）司长（局长）王广华接受新华社记者专访时披露："国家层面负责开展信息化建设顶层设计，组织建设全国统一的国土资源与不动产登记信息平台。各地负责推进本地区不动产登记的数据整合、接入信息平台的相关准备工作，2015年下半年开始陆续完成不动产登记操作系统软件与信息平台的对接，提供不动产登记信息查询服务。"他同时指出：国土资源部第26次部长办公会专题研究并审议《"国土资源与不动产登记信息平台"建设总体框架》的精神，我们在已有工作安排基础上，加快了信息平台建设步伐，目的是"反弹琵琶"，以信息化建设来推动不动产登记的"四统一"。我们计划2015年7月上线试运行信息平台；2016年完善平台并扩大试运行范围；2017年全面运行。目前已经形成了平台建设的顶层设计，即将组织平台的开发建设。[3]

---

〔1〕 "2020年前实现全国住房信息联网"，载新华网 http://news. xinhuanet. com/fortune/2014－03/17/c_ 119800637. htm，访问时间：2014年12月17日。

〔2〕 "不动产统一登记3年后全面实施"，载国土资源部网站 http://www. mlr. gov. cn/xwdt/mtsy/people/201404/t20140422_ 1313356. htm，访问时间：2014年12月17日。

〔3〕 "专访国土资源部不动产登记局负责人"，载新华网 http://news. xinhuanet. com/fortune/2014－12/22/c_ 1113737163. htm，访问时间：2014年12月22日。

157. 为什么要推动不动产登记信息不同部门之间的实时互联共享?

在横向上,不动产统一登记应当打破不同部门条块分割的格局,真正实现不动产登记信息的互联互通与实时共享。

《暂行条例》第24条规定:"不动产登记有关信息与住房城乡建设、农业、林业、海洋等部门审批信息、交易信息等应当实时互通共享。不动产登记机构能够通过实时互通共享取得的信息,不得要求不动产登记申请人重复提交。"

各相关部门都应当秉持方便群众的理念,不动产登记机构能够通过互通共享取得的信息,不得要求不动产登记申请人重复提交,变申请人的辗转奔波为信息、材料在网络上的传递,以节约申请人的时间成本,避免社会资源的无畏浪费。

随着不动产登记工作信息化程度的提高以及登记档案资料信息化进程的加快,不动产登记信息的共享以及不动产登记信息的全国联网应当尽快推进。《暂行条例》第25条规定:"国土资源、公安、民政、财政、税务、工商、金融、审计、统计等部门应当加强不动产登记有关信息互通共享。"《房屋登记办法》第29条规定:"县级以上人民政府建设(房地产)主管部门应当加强房屋登记信息系统建设,逐步实现全国房屋登记簿信息共享和异地查询。"《土地登记办法》第71条规定:"县级以上人民政府国土资源行政主管部门应当加强土地登记结果的信息系统和数据库建设,实现国家和地方土地登记结果的信息共享和异地查询。"

当然,不动产登记机构、不动产登记信息共享单位及其工作人员应当对不动产登记信息保密,应当尽量避免滥用职权行为。对随意散布当事人不动产登记信息并对当事人造成损失的,应当予以严厉追责,并依法承担相应的赔偿责任。

158. 如何促进不动产登记资料的信息化?

应当综合运用云存储、云计算、云网络等现代计算机技术,促进不动产登记资料的信息化。国家应当鼓励和支持不动产登记信息产品的开发和技术创新。不动产登记机构应当加强不动产登记信息产品的开发,提高不动产登记的社会综合效益。国家应当出台相应的产业促进政策,为不动产登记资料信息化建设创造良好的政策和法律环境。

2014 年 12 月 22 日国土资源部地籍司(不动产登记局)司长(局长)王广华指出:"信息平台投入运行后,各地应根据当地信息化工作基础,提早对各类不动产登记操作系统软件进行融合、对接,形成统一发证的业务操作系统软件,支持与本级国土、住建、农业、林业、海洋等部门的业务协同,提供本级登记信息查询服务,并按照信息平台统一技术要求,预留接口,做好准备,一旦成熟,及时接入信息平台,并将本地区日常不动产登记信息实时纳入信息平台。我们将建立清单销号等激励机制促进地方加快推进信息化工作。"[1]

---

[1] "专访国土资源部不动产登记局负责人"载新华网 http://news.xinhuanet.com/fortune/2014 - 12/22/c_ 1113737163. htm, 访问时间: 2014 年 12 月 22 日。

第五章　法律责任

159. 登记错误如何承担赔偿责任？

《暂行条例》第 29 条规定："不动产登记机构登记错误给他人造成损害，或者当事人提供虚假材料申请登记给他人造成损害的，依照《中华人民共和国物权法》的规定承担赔偿责任。"

不动产登记赔偿责任是指当事人或登记机构在不动产登记中造成他人损害时，依法应当承担的赔偿责任。[1]不动产登记赔偿因当事人的过错和登记机构的过错两方面的原因而引起。

一、当事人过错造成的登记错误

《物权法》第 21 条规定："当事人提供虚假材料申请登记，给他人造成损害的，应当承担赔偿责任。"因此，申请人提供虚假材料以及登记代理等机构出具的虚假材料导致登记错误，给他人造成损害的，应当由申请人及相关机构分别承担赔偿责任。这里的赔偿责任主要还是民事责任。当事人提供虚假材料的行为超越了民法的界限，也可能承担刑事责任。

《刑法》第 280 条规定了以下罪名，伪造、变造、买卖国家机关公文、证件、印章罪：伪造、变造、买卖或者盗窃、抢夺、毁灭国家机关的公文、证件、印章的，处三年以下有期徒刑、拘役、管制或者剥夺政治权利；情节严重的，处三年以上十年以下有期徒刑。

---

〔1〕　程啸：《不动产登记法研究》，法律出版社 2011 年版，第 591 页。

伪造公司、企业、事业单位、人民团体印章罪：伪造公司、企业、事业单位、人民团体的印章的，处三年以下有期徒刑、拘役、管制或者剥夺政治权利。

伪造、变造居民身份证罪：伪造、变造居民身份证的，处三年以下有期徒刑、拘役、管制或者剥夺政治权利；情节严重的，处三年以上七年以下有期徒刑。

因此，当事人为不动产登记提供虚假材料，一方面会承担民事上的赔偿责任，另一方面，如果情节严重，还可能构成上述三类犯罪。

二、不动产登记机构造成的过错

《物权法》第21条："因登记错误，给他人造成损害的，登记机构应当承担赔偿责任。登记机构赔偿后，可以向造成登记错误的人追偿。"该条确定了不动产登记机构先行赔偿的原则。一旦出现登记错误，应当首先由不动产登记机构"买单"，先行承担赔偿责任，之后才可以向造成登记错误的人追偿。

第一，因申请人提供虚假材料办理不动产登记，不动产登记机构未按照规定履行审核职责，给他人造成损害的，应当根据其过错程度及其在损害发生中所起作用承担相应的赔偿责任。

在我国司法实践中，法院并不认为登记机构必须确保所有的登记申请材料的真实性，更不认为只要登记申请材料是虚假的，登记机构就必须承担登记错误的责任。登记机构对申请材料更多的是形式审查。登记机构就登记申请材料真伪采取的判断标准是"登记机关能够辨识的程度"，[1]也就是说，实践中也不能对登记机关求全责备，其只需尽到审慎的注意义务就可以了。一方面，考虑登记机构作为从事登记的专门机构，其辨识某些登记申请材料的标准显然要高于一般的自然人、法人单位，如权属证书、用地证明文件、规

---

〔1〕 程啸：《不动产登记法研究》，法律出版社2011年版，第299页。

划证明文件等官方批文鉴别真伪的能力比一般人要强，核实起来也比较方便。[1]另一方面，在具体案件的司法审查中仍然要考虑登记机构是否履行了必要的合理注意义务。例如，申请人在登记机构预留有印章、签名的，登记机关应当就申请件与预留件进行比对，并对是否一致做出合理注意义务的判断。如果登记机构尽到了应尽的注意义务，没有明显、重大的过错，其形成的结论性意见应当认为是合法的。[2]这里所指的合理审慎的注意义务包括两个方面。

一是不动产登记机关是否依法履行了法律、法规、规章要求其履行的职责。我国《物权法》、《土地管理法》、《城市房地产管理法》、《土地管理法实施条例》等法律法规以及《房屋登记办法》、《土地登记办法》等部门规章，对不动产登记机构在进行登记时应当履行的各项职责都作出了明确的规定。如果登记机构没有充分履行或未履行法定职责，进行了有关登记，显然是具有过错的，应当承担赔偿责任。

二是对登记材料之真伪、合法及有效与否的审查是否尽到合理审慎的程度。判断不动产登记机构有无过错，必须考虑其预见能力。不动产登记机构受理的不动产登记申请的类型众多，涉及的材料种类繁多。登记机构既不可能对全部材料的真伪、合法与否、有效与否等一概不闻不问，也没有能力确保所有的登记材料都是真实的、合法的、有效的。因此，登记机构对登记材料的真伪以及合法性的审查应当限制在一个合理谨慎的范围之内，即该范围的确定必须要参考登记机构的预见能力。

第二，因不动产登记机构及其工作人员的过错导致登记错误，给他人造成损害的，不动产登记机构应当承担赔偿责任。不动产登

---

[1] 参见《北京市高级人民法院关于行政审判适用法律问题的解答（二）》（京高法〔2007〕113号）。

[2] 贺荣主编：《行政执法与行政审判实务——行政许可与行政登记》，人民法院出版社2005年版，第317页。

记机构依法赔偿后，可以向因故意或重大过失造成登记错误的人员追偿。

第三，不动产登记机构工作人员与第三人恶意串通违法登记，侵犯他人合法权益的，不动产登记机构与第三人承担连带赔偿责任。

第四，共同侵权的赔偿责任。在不动产登记赔偿责任中，共同侵权的赔偿责任是指当事人和不动产登记机构的工作人员或者第三人共同引起的侵权赔偿责任。共同侵权的赔偿责任包括两个方面。

一是，进行虚假登记的当事人与登记机构的工作人员恶意串通，共同故意进行虚假登记与错误登记，从而造成他人损害。依据《侵权责任法》第8条和第34条第1款的规定〔1〕，登记机构与进行虚假登记的当事人构成共同侵权人，应当向受害人承担连带赔偿责任。最高人民法院《关于审理房屋登记案件若干问题的规定》第13条也规定："房屋登记机构工作人员与第三人恶意串通违法登记，侵犯原告合法权益的，房屋登记机构与第三人承担连带赔偿责任。"

二是，无意思联络的数人侵权赔偿责任。简单说就是数人事前没有合意，但客观上共同构成了侵权。即当事人进行虚假登记，而登记机构因过失未能发现该虚假登记，以致做出了错误的登记，最终造成他人的损害。由于虚假登记的当事人与登记机构之间并无共同故意，他们是各自实施侵权行为，但给他人造成同一损害，依据《侵权责任法》第12条〔2〕的规定，他们按照各自责任的大小分别承担相应的责任，难以确定责任大小的，平均承担赔偿责任。最高人民法院《关于审理房屋登记案件若干问题的规定》第12条规定："申请人提供虚假材料办理房屋登记，给原告造成损害，房屋登记机

---

〔1〕《侵权责任法》第8条规定："二人以上共同实施侵权行为，造成他人损害的，应当承担连带责任。"第34条第1款规定："用人单位的工作人员因执行工作任务造成他人损害的，由用人单位承担侵权责任。"

〔2〕《侵权责任法》第12条规定："二人以上分别实施侵权行为造成同一损害，能够确定责任大小的，各自承担相应的责任；难以确定责任大小的，平均承担赔偿责任。"

构未尽合理审慎职责的，应当根据其过错程度及其在损害发生中所起的作用承担相应的赔偿责任。"

160. 擅自毁损、伪造不动产登记簿、虚假登记等滥用职权、玩忽职守行为应当承担什么法律责任?

一、不动产登记机构工作人员滥用职权、玩忽职守有何表现

不动产登记机构工作人员滥用职权、玩忽职守主要表现在损毁、伪造不动产登记簿，擅自修改登记事项，串通他人进行虚假登记等。

二、不动产登记机构工作人员滥用职权、玩忽职守应当如何处罚

对不动产登记机构工作人员的滥用职权、玩忽职守行为的处罚可以分为民事赔偿、行政处分、治安处罚、刑事责任等几个方面。

（一）民事赔偿

《物权法》第 21 条规定："因登记错误，给他人造成损害的，登记机构应当承担赔偿责任。登记机构赔偿后，可以向造成登记错误的人追偿。"赔偿的数额参考他人损失的数额、工作人员的过错程度等情况综合确定。

（二）行政处分

按照《公务员法》第 53 条的规定，公务员不得有玩忽职守，贻误工作和滥用职权，侵害公民、法人或者其他组织的合法权益的行为。一旦有上述行为，按照《公务员法》第 56 条的规定，可以给予警告、记过、记大过、降级、撤职、开除等处分。不动产登记机构的工作人员多数属于国家公务员，因此，一旦发生滥用职权和玩忽职守行为，应当按照《公务员法》对相关工作人员进行相应的行政处分。

（三）治安处罚

《治安管理处罚法》第 52 条规定，对伪造、变造或者买卖国家

机关、人民团体、企业、事业单位或者其他组织的公文、证件、证明文件、印章的和买卖或者使用伪造、变造的国家机关、人民团体、企业、事业单位或者其他组织的公文、证件、证明文件的行为，可以处 10 日以上 15 日以下拘留，可以并处 1000 元以下罚款；情节较轻的，处 5 日以上 10 日以下拘留，可以并处 500 元以下罚款。不动产登记机构工作人员伪造、变造居民身份证、国家机关公文证书、证明的，应当按照该规定进行治安处罚。

（四）刑事责任

不动产登记机构的工作人员的行为如果已经超越了治安处罚的边界，已经构成刑事犯罪，那么应当按照《刑法》的规定，追究当事人的刑事责任。按照《刑法》第 280 条的规定可能构成伪造、变造、买卖国家机关公文、证件、印章罪，伪造公司、企业、事业单位、人民团体印章罪，伪造、变造居民身份证罪等罪名。《刑法》第 397 条规定："国家机关工作人员滥用职权或者玩忽职守，致使公共财产、国家和人民利益遭受重大损失的，处三年以下有期徒刑或者拘役；情节特别严重的，处三年以上七年以下有期徒刑。本法另有规定的，依照规定。"这是对于滥用职权罪和玩忽职守罪的规定。

161. 伪造、变造、买卖及使用伪造、变造个动产权属证书、证明，应当承担什么法律责任？

一、该行为的主体不再限于不动产登记机构工作人员

该行为的主体是一般主体，不再限于不动产登记机构工作人员。行为主要是针对不动产权属证书、登记证明的违法犯罪行为，主要包括伪造、变造或者买卖不动产权属证书、不动产登记证明或者使用伪造、变造的不动产权属证书、不动产登记证明的行为。

二、该行为将承担哪些法律责任

第一，对于伪造、变造、买卖的不动产权属证书、不动产登记证明，应当由不动产登记机构予以收缴。

第二，因违法或者犯罪获得违法所得的，应当由相关部门没收违法所得。

第三，对于构成违反治安管理行为的，应当按照《治安管理处罚法》第52条规定，处10日以上15日以下拘留，可以并处1000元以下罚款；情节较轻的，处5日以上10日以下拘留，可以并处500元以下罚款。

第四，对于构成犯罪的行为，按照《刑法》第280条规定，以伪造、变造、买卖国家机关公文、证件、印章罪论处，将被处3年以下有期徒刑、拘役、管制或者剥夺政治权利；情节严重的，处3年以上10年以下有期徒刑。

162. 泄露不动产登记资料或信息，应当承担什么法律责任?

一、行为的主体

该行为的主体由两部分组成，一是不动产登记机构、不动产登记信息共享单位及其工作人员。二是查询不动产登记资料的单位和个人。由此可见，该行为的主体既可以单位，也可以是个人。

二、应当承担何种法律责任

第一，在民事责任上，给他人造成损失的，应当依法承担赔偿责任。

第二，在行政责任上，对不动产登记机构、不动产登记信息共享单位的相关责任人员，具有公务员身份的，应当按照《公务员法》给予处分。

第三，在刑事责任上，《刑法》第253条之一新增了出售、非法提供公民个人信息罪，具体是指："国家机关或者金融、电信、交通、教育、医疗等单位的工作人员，违反国家规定，将本单位在履行职责或者提供服务过程中获得的公民个人信息，出售或者非法提供给他人，情节严重的，处三年以下有期徒刑或者拘役，并处或者单处罚金。"不动产登记机构、不动产登记信息共享单位将依靠职权获取的不动产登记信息出售、非法提供给他人的，应当按照出售、非法提供公民个人信息罪追究刑事责任。

第六章　附　则

163. 《暂行条例》实施前后如何衔接?

一、已经依法发放的证书、证明继续有效

按照法不溯及既往的原则,《暂行条例》施行前依法颁发的各类不动产权属证书和制作的不动产登记簿继续有效。《暂行条例》实施后,不动产登记机构应当启用统一的不动产登记簿册、不动产权属证书、不动产登记证明。要按照"不变不换"的原则,做好新旧权属证书的衔接,确保已经依法发放的证书继续有效。[1]

二、做好《暂行条例》实施前后的衔接

不动产登记职责和机构整合后,应整合各类不动产登记资料、业务流程、办事窗口等,实现业务工作高度融合和有机衔接。这是不动产登记工作稳定连续、正常运转的关键。

一是,要制定详细的不动产登记资料移交方案,有计划地完成资料移交工作。

二是,不动产登记资料移交完成后,要充分利用现有资源,尽快设立统一的不动产登记窗口,实现"一个窗口进、一个窗口出"。

三是,要形成统一的不动产登记业务流程,确保不动产登记职

---

〔1〕 郅建荣:"国土部正抓紧制定不动产登记相关政策和标准,明年下半年提供登记信息查询服务",载《法制日报》2014年12月23日第6版。

责完整，实现不动产登记的统一。在新的证书颁布前申请登记的，继续发放旧版证书；新的证书颁布后申请登记的，发放新版证书，原来各部门已经发放的证书继续有效，不得强制要求更换证书，不得增加企业和群众负担。[1]

164. 在过渡期内如何开展不动产登记？

第一，《暂行条例》施行前已经受理、尚未完成的不动产登记，适用暂行条例的规定。因《暂行条例》实施前已办结的不动产登记产生的纠纷的，适用当时的法律、行政法规和规章的规定。

第二，不动产统一登记过渡期内，农村土地承包经营权的登记，按照国家有关规定执行。

国土资源部将以部际联席会议制度为平台，创新工作机制，按照"有事集中"原则开展集中办公，充分发挥平台的积极作用；商请住建部积极推动不动产统一登记技术层面的试点工作；加强沟通协调，继续做好土地承包经营权登记与不动产统一登记衔接；通过调研，加强对地方指导，全面加快不动产统一登记工作。[2]

165. 探矿权、采矿权、取水权、国有自然资源所有权如何办理登记？

第一，按照特别法优于一般法的原则，对于探矿权、采矿权、取水权等都属于用益物权的登记，与不动产物权类似，如果没有特别法的规定，应当参照《暂行条例》执行。《矿业权出让转让管理暂

---

〔1〕 "专访国土资源部不动产登记局负责人"，载新华网http://news.xinhuanet.com/fortune / 2014 -12/22/c_ 1113737163. htm，访问时间：2014 年12 月22 日。

〔2〕 "专访国土资源部不动产登记局负责人"，载新华网http://news.xinhuanet.com/fortune/2014 -12/22/c_ 1113737163. htm，访问时间：2014 年12 月22 日。

行规定》第 3 条规定："探矿权、采矿权为财产权，统称为矿业权，适用于不动产法律法规的调整原则。"

第二，依法属于国家所有的自然资源所有权登记较为特殊，应当由国务院国土资源主管部门会同有关部门另行制定。

166. 为什么要尽快制定《实施细则》，如何推动相关法律法规的"立、改、废"工作？

一、应通过制定实施细则和指南，将不动产统一登记真正落到实处

目前的《暂行条例》多数是原则性条款，真正落地需要尽快制定其实施细则。《暂行条例》第 34 条明确规定："本条例实施细则由国务院国土资源主管部门会同有关部门制定。"结合条例颁布和实施，国土资源部正抓紧制定《不动产登记暂行条例实施细则》，推进统一的不动产登记表卡簿册和证书式样、不动产权籍调查的相关政策和标准等部门规章和标准的制定工作，进一步细化登记类型、登记程序、各类不动产物权登记的要求、登记机构和人员职责等。同时，规范不动产权籍调查的要求，健全条例的配套政策，确保条例顺利实施，为统一登记提供充分的依据和保障。各地方也要同步推动地方性法规、规章和规范性文件的研究制定工作。[1]

国土资源部地籍司司长即不动产登记局局长王广华 2014 年 12 月 22 日向媒体表示，国土部将抓紧做好《不动产登记暂行条例实施细则》等相关政策和标准等的制定工作。[2]据悉，除了实施细则外，国土资源部不动产登记局在总结各地不动产登记经验的基础上，

---

〔1〕 "专访国土资源部不动产登记局负责人"，载新华网 http://news. xinhuanet. com/fortune/2014 - 12/22/c_ 1113737163. htm，访问时间：2014 年 12 月 22 日。

〔2〕 郄建荣："国土部正抓紧制定不动产登记相关政策和标准，明年下半年提供登记信息查询服务"，载《法制日报》2014 年 12 月 23 日第 6 版。

还在制定全国统一的不动产登记操作指南。

二、做好"立、改、废"工作，为不动产统一登记扫除法律障碍

目前之所以各个部门都对不动产进行登记，主要是各个部门都有各自的法律依据。如林业部门对林地登记有《森林法》作为支撑；农业部门对草原登记有《草原法》作为依据，对农业承包土地登记有《农村土地承包法》；住房和城乡建设部门对房屋登记有《城市房地产管理法》；渔业部门对水面、滩涂的养殖使用权的登记有《渔业法》；海洋部门对海域滩涂的登记有《海域使用管理法》；工商部门对不动产抵押权登记有《担保法》；国土资源部门对土地进行登记有《土地管理法》，对探矿权、采矿权登记有《矿产资源法》。

《土地管理法》第 11 条第 4 款还明确规定："确认林地、草原的所有权或者使用权，确认水面、滩涂的养殖使用权，分别依照《中华人民共和国森林法》、《中华人民共和国草原法》和《中华人民共和国渔业法》的有关规定办理"，该法承认了土地分散登记的现状。[1]《暂行条例》突破了《物权法》、《土地管理法》、《城市房地产管理法》等法律的有关规定。[2]只有推进这些法律的修改工作，《暂行条例》才能真正得以落地、实施。

因此，应当系统梳理、评估房地产、林业、草原等登记的相关法律法规、部门规章及地方性法规、地方规章以及相关的政策，尽最大可能消除不统一事项。全面梳理《土地管理法》、《城市房地产管理法》、《森林法》、《草原法》、《农村土地承包法》、《海域使用管理法》等涉及不动产登记的法律、法规、部门规章、规范性文件等，

---

〔1〕 蔡卫华等："国内外不动产登记机构比较研究"，载中国土地矿产法律事务中心编：《国土资源政策法律研究成果选编》（2013～2014），中国法制出版社 2015 年版，第 12～13 页。

〔2〕 蔡卫华："抓紧修改相关法律，促进《不动产登记暂行条例》顺利出台"，载中国土地矿产法律事务中心编：《国土资源政策法律研究成果选编》（2013～2014），中国法制出版社 2015 年版，第 61 页。

提出"立、改、废"的意见和建议，清除不动产统一登记的法律障碍，建立一套符合我国实际的不动产统一登记法律体系。

不动产登记本来是一个技术性的问题，在我国之所以变成一个社会问题，根本原因就在于，我国正在从封闭社会走向开放社会。社会转型的特点决定了在不动产制度改革的过程中会涉及不同利益群体和既得利益集团的切身利益。正因为如此，一些既得利益集团可能会阻挠《不动产登记暂行条例》的实施。[1]因此《不动产登记暂行条例》的贯彻实施任重而道远，不动产统一登记的研究还需要进一步推向深入。

---

〔1〕 郄建荣："国土部正抓紧制定不动产登记相关政策和标准，明年下半年提供登记信息查询服务"，载《法制日报》2014年12月23日第6版。

附　录

中华人民共和国国务院令

第 656 号

现公布《不动产登记暂行条例》，自 2015 年 3 月 1 日起施行。

总理　李克强

2014 年 11 月 24 日

不动产登记暂行条例

第一章　总　则

第一条　为整合不动产登记职责，规范登记行为，方便群众申请登记，保护权利人合法权益，根据《中华人民共和国物权法》等法律，制定本条例。

第二条　本条例所称不动产登记，是指不动产登记机构依法将不动产权利归属和其他法定事项记载于不动产登记簿的行为。

本条例所称不动产，是指土地、海域以及房屋、林木等定着物。

第三条　不动产首次登记、变更登记、转移登记、注销登记、更正登记、异议登记、预告登记、查封登记等，适用本条例。

第四条　国家实行不动产统一登记制度。

不动产登记遵循严格管理、稳定连续、方便群众的原则。

不动产权利人已经依法享有的不动产权利，不因登记机构和登记程序的改变而受到影响。

第五条 下列不动产权利，依照本条例的规定办理登记：

（一）集体土地所有权；

（二）房屋等建筑物、构筑物所有权；

（三）森林、林木所有权；

（四）耕地、林地、草地等土地承包经营权；

（五）建设用地使用权；

（六）宅基地使用权；

（七）海域使用权；

（八）地役权；

（九）抵押权；

（十）法律规定需要登记的其他不动产权利。

第六条 国务院国土资源主管部门负责指导、监督全国不动产登记工作。

县级以上地方人民政府应当确定一个部门为本行政区域的不动产登记机构，负责不动产登记工作，并接受上级人民政府不动产登记主管部门的指导、监督。

第七条 不动产登记由不动产所在地的县级人民政府不动产登记机构办理；直辖市、设区的市人民政府可以确定本级不动产登记机构统一办理所属各区的不动产登记。

跨县级行政区域的不动产登记，由所跨县级行政区域的不动产登记机构分别办理。不能分别办理的，由所跨县级行政区域的不动产登记机构协商办理；协商不成的，由共同的上一级人民政府不动产登记主管部门指定办理。

国务院确定的重点国有林区的森林、林木和林地，国务院批准项目用海、用岛，中央国家机关使用的国有土地等不动产登记，由国务院国土资源主管部门会同有关部门规定。

第二章　不动产登记簿

第八条　不动产以不动产单元为基本单位进行登记。不动产单元具有唯一编码。

不动产登记机构应当按照国务院国土资源主管部门的规定设立统一的不动产登记簿。

不动产登记簿应当记载以下事项：

（一）不动产的坐落、界址、空间界限、面积、用途等自然状况；

（二）不动产权利的主体、类型、内容、来源、期限、权利变化等权属状况；

（三）涉及不动产权利限制、提示的事项；

（四）其他相关事项。

第九条　不动产登记簿应当采用电子介质，暂不具备条件的，可以采用纸质介质。不动产登记机构应当明确不动产登记簿唯一、合法的介质形式。

不动产登记簿采用电子介质的，应当定期进行异地备份，并具有唯一、确定的纸质转化形式。

第十条　不动产登记机构应当依法将各类登记事项准确、完整、清晰地记载于不动产登记簿。任何人不得损毁不动产登记簿，除依法予以更正外不得修改登记事项。

第十一条　不动产登记工作人员应当具备与不动产登记工作相适应的专业知识和业务能力。

不动产登记机构应当加强对不动产登记工作人员的管理和专业技术培训。

第十二条　不动产登记机构应当指定专人负责不动产登记簿的保管，并建立健全相应的安全责任制度。

采用纸质介质不动产登记簿的，应当配备必要的防盗、防火、防渍、防有害生物等安全保护设施。

采用电子介质不动产登记簿的，应当配备专门的存储设施，并采取信息网络安全防护措施。

第十三条 不动产登记簿由不动产登记机构永久保存。不动产登记簿损毁、灭失的，不动产登记机构应当依据原有登记资料予以重建。

行政区域变更或者不动产登记机构职能调整的，应当及时将不动产登记簿移交相应的不动产登记机构。

第三章 登记程序

第十四条 因买卖、设定抵押权等申请不动产登记的，应当由当事人双方共同申请。

属于下列情形之一的，可以由当事人单方申请：

（一）尚未登记的不动产首次申请登记的；

（二）继承、接受遗赠取得不动产权利的；

（三）人民法院、仲裁委员会生效的法律文书或者人民政府生效的决定等设立、变更、转让、消灭不动产权利的；

（四）权利人姓名、名称或者自然状况发生变化，申请变更登记的；

（五）不动产灭失或者权利人放弃不动产权利，申请注销登记的；

（六）申请更正登记或者异议登记的；

（七）法律、行政法规规定可以由当事人单方申请的其他情形。

第十五条 当事人或者其代理人应当到不动产登记机构办公场所申请不动产登记。

不动产登记机构将申请登记事项记载于不动产登记簿前，申请人可以撤回登记申请。

第十六条 申请人应当提交下列材料，并对申请材料的真实性负责：

（一）登记申请书；

（二）申请人、代理人身份证明材料、授权委托书；

（三）相关的不动产权属来源证明材料、登记原因证明文件、不动产权属证书；

（四）不动产界址、空间界限、面积等材料；

（五）与他人利害关系的说明材料；

（六）法律、行政法规以及本条例实施细则规定的其他材料。

不动产登记机构应当在办公场所和门户网站公开申请登记所需材料目录和示范文本等信息。

第十七条 不动产登记机构收到不动产登记申请材料，应当分别按照下列情况办理：

（一）属于登记职责范围，申请材料齐全、符合法定形式，或者申请人按照要求提交全部补正申请材料的，应当受理并书面告知申请人；

（二）申请材料存在可以当场更正的错误的，应当告知申请人当场更正，申请人当场更正后，应当受理并书面告知申请人；

（三）申请材料不齐全或者不符合法定形式的，应当当场书面告知申请人不予受理并一次性告知需要补正的全部内容；

（四）申请登记的不动产不属于本机构登记范围的，应当当场书面告知申请人不予受理并告知申请人向有登记权的机构申请。

不动产登记机构未当场书面告知申请人不予受理的，视为受理。

第十八条 不动产登记机构受理不动产登记申请的，应当按照下列要求进行查验：

（一）不动产界址、空间界限、面积等材料与申请登记的不动产状况是否一致；

（二）有关证明材料、文件与申请登记的内容是否一致；

（三）登记申请是否违反法律、行政法规规定。

第十九条 属于下列情形之一的，不动产登记机构可以对申请登记的不动产进行实地查看：

（一）房屋等建筑物、构筑物所有权首次登记；

（二）在建建筑物抵押权登记；

（三）因不动产灭失导致的注销登记；

（四）不动产登记机构认为需要实地查看的其他情形。

对可能存在权属争议，或者可能涉及他人利害关系的登记申请，不动产登记机构可以向申请人、利害关系人或者有关单位进行调查。

不动产登记机构进行实地查看或者调查时，申请人、被调查人应当予以配合。

第二十条　不动产登记机构应当自受理登记申请之日起30个工作日内办结不动产登记手续，法律另有规定的除外。

第二十一条　登记事项自记载于不动产登记簿时完成登记。

不动产登记机构完成登记，应当依法向申请人核发不动产权属证书或者登记证明。

第二十二条　登记申请有下列情形之一的，不动产登记机构应当不予登记，并书面告知申请人：

（一）违反法律、行政法规规定的；

（二）存在尚未解决的权属争议的；

（三）申请登记的不动产权利超过规定期限的；

（四）法律、行政法规规定不予登记的其他情形。

第四章　登记信息共享与保护

第二十三条　国务院国土资源主管部门应当会同有关部门建立统一的不动产登记信息管理基础平台。

各级不动产登记机构登记的信息应当纳入统一的不动产登记信息管理基础平台，确保国家、省、市、县四级登记信息的实时共享。

第二十四条　不动产登记有关信息与住房城乡建设、农业、林业、海洋等部门审批信息、交易信息等应当实时互通共享。

不动产登记机构能够通过实时互通共享取得的信息，不得要求不动产登记申请人重复提交。

第二十五条　国土资源、公安、民政、财政、税务、工商、金融、审计、统计等部门应当加强不动产登记有关信息互通共享。

第二十六条 不动产登记机构、不动产登记信息共享单位及其工作人员应当对不动产登记信息保密；涉及国家秘密的不动产登记信息，应当依法采取必要的安全保密措施。

第二十七条 权利人、利害关系人可以依法查询、复制不动产登记资料，不动产登记机构应当提供。

有关国家机关可以依照法律、行政法规的规定查询、复制与调查处理事项有关的不动产登记资料。

第二十八条 查询不动产登记资料的单位、个人应当向不动产登记机构说明查询目的，不得将查询获得的不动产登记资料用于其他目的；未经权利人同意，不得泄露查询获得的不动产登记资料。

第五章 法律责任

第二十九条 不动产登记机构登记错误给他人造成损害，或者当事人提供虚假材料申请登记给他人造成损害的，依照《中华人民共和国物权法》的规定承担赔偿责任。

第三十条 不动产登记机构工作人员进行虚假登记，损毁、伪造不动产登记簿，擅自修改登记事项，或者有其他滥用职权、玩忽职守行为的，依法给予处分；给他人造成损害的，依法承担赔偿责任；构成犯罪的，依法追究刑事责任。

第三十一条 伪造、变造不动产权属证书、不动产登记证明，或者买卖、使用伪造、变造的不动产权属证书、不动产登记证明的，由不动产登记机构或者公安机关依法予以收缴；有违法所得的，没收违法所得；给他人造成损害的，依法承担赔偿责任；构成违反治安管理行为的，依法给予治安管理处罚；构成犯罪的，依法追究刑事责任。

第三十二条 不动产登记机构、不动产登记信息共享单位及其工作人员，查询不动产登记资料的单位或者个人违反国家规定，泄露不动产登记资料、登记信息，或者利用不动产登记资料、登记信息进行不正当活动，给他人造成损害的，依法承担赔偿责任；对有关责任人员依法给予处分；有关责任人员构成犯罪的，依法追究刑事责任。

第六章　附　则

第三十三条　本条例施行前依法颁发的各类不动产权属证书和制作的不动产登记簿继续有效。

不动产统一登记过渡期内，农村土地承包经营权的登记按照国家有关规定执行。

第三十四条　本条例实施细则由国务院国土资源主管部门会同有关部门制定。

第三十五条　本条例自 2015 年 3 月 1 日起施行。本条例施行前公布的行政法规有关不动产登记的规定与本条例规定不一致的，以本条例规定为准。

参考书目

（以作者拼音排序）

一、专著

1. 卞耀武、曹康泰、王曙光主编：《中华人民共和国海域使用管理法释义》，法律出版社 2002 年版。

2. 蔡卫华：《土地登记实务精解》，中国法制出版社 2010 年版。

3. 常鹏翱：《物权程序的建构与效应》，中国人民大学出版社 2005 年版。

4. 常鹏翱：《不动产登记法》，社会科学文献出版社 2011 年版。

5. 常昱、常宪亚：《不动产登记与物权法：以登记为中心》，中国社会科学出版社 2009 年版。

6. （台）陈铭福：《土地登记：法规与实务》，五南图书出版股份有限公司 2009 年版。

7. 陈华彬：《物权法》，法律出版社 2004 年版。

8. 陈华彬：《外国物权法》，法律出版社 2004 年版。

9. 陈华彬：《我国物权立法难点问题研究》，首都经济贸易大学出版社 2014 年版。

10. （台）陈淑美：《土地登记》（第 2 版），五南图书出版股份有限公司 2005 年版。

11. 陈永强：《英美法上的交易自治与交易安全：以房地产交易法为视角》，法律出版社 2009 年版。

12. 程啸：《不动产登记法研究》，法律出版社 2011 年版。

13. 崔建远：《土地上的权利群研究》，法律出版社 2004 年版。

14. 崔建远：《准物权研究》，法律出版社 2003 年版。

15. 崔建远主编：《我国物权立法难点问题研究》，清华大学出版社 2005 年版。

16. 崔文星：《中国土地物权制度论》，法律出版社 2009 年版。

17. 范利平：《我国不动产登记的理论与实践》，知识产权出版社 2012 年版。

18. 樊志全主编：《土地登记理论与方法》，中国农业出版社 2003 年版。

19. 高飞：《集体土地所有权主体制度研究》，法律出版社 2012 年版。

20. 高富平：《物权法专论》，北京大学出版社 2007 年版。

21. 高富平：《物权法原论》（第 2 版），法律出版社 2014 年版。

22. 高富平、吴一鸣：《英美不动产法：兼与大陆法比较》，清华大学出版社 2007 年版。

23. 贺荣主编：《行政执法与行政审判实务——行政许可与行政登记》，人民法院出版社 2005 年版。

24. 胡康生主编：《中华人民共和国物权法释义》，法律出版社 2007 年版。

25. 胡悦：《房地产登记制度研究》，吉林大学出版社 2007 年版。

26. 胡玉浪：《集体林权法律制度研究》，法律出版社 2012 年版。

27. 胡志刚：《不动产物权新论》，学林出版社 2006 年版。

28. （台）黄志伟：《土地登记实务》（增订 2 版），五南图书出版股份有限公司 2012 年版。

29. （台）黄志伟编：《地上权、地役权、地役权之物权法律解析暨登记实务》，五南图书出版股份有限公司 2013 年版。

30. 江必新主编：《民事强制执行操作规程》，人民法院出版社 2010 年版。

31. 江平、李国光主编：《物权法典型案例评析》，人民法院出版社 2008 年版。

32. 江平：《私权的呐喊》，首都师范大学出版社 2008 年版。

33. 江平主编：《物权法》，法律出版社 2009 年版。

34. 江平主编：《民法各论》，中国法制出版社 2009 年版。

35. 江平：《我所能做的是呐喊》，法律出版社 2007 年版。

36. 江平主编：《中华人民共和国物权法精解》，中国政法大学出版社

2007 年版。

37. 江平主编：《中国物权法教程》，知识产权出版社 2007 年版。

38. （台）焦祖涵：《土地登记之理论与实务》，三民书局有限公司 1997 年版。

39. 金俭等：《中国不动产物权》，法律出版社 2008 年版。

40. 李凤章：《登记限度论——以不动产权利登记制为中心》，法律出版社 2007 年版。

41. 李昊、常鹏翱、叶金强、高润恒：《不动产登记程序的制度建构》，北京大学出版社 2005 年版。

42. （台）李鸿毅：《土地法论》，作者印行 1995 年增修订 24 版。

43. 李显冬编著：《民法总则案例研习》，中国政法大学出版社 2014 年版。

44. 李显冬编著：《物权法案例重述》，中国政法大学出版社 2010 年版。

45. 李显冬主编：《〈中华人民共和国物权法〉释义》，红旗出版社 2007 年版。

46. 李显冬主编：《案例民法学总论》，中国法制出版社 2012 年版。

47. 李显冬编著：《李显冬解读农村土地承包法》，中国社会出版社 2011 年版。

48. 李显冬主编：《民法物权法典型案例疏议》，法律出版社 2010 年版。

49. 李显冬主编：《新编中国物权法要义与案例释解》，法律出版社 2009 年版。

50. 李显冬主编：《民法总则典型案例疏议》，法律出版社 2008 年版。

51. 刘乃忠：《地役权法律制度研究》，中国法制出版社 2007 年版。

52. 刘云生主编：《中国不动产法研究》（第 2 卷），法律出版社 2007 年版。

53. 刘云生主编：《中国不动产法研究》（第 4 卷），法律出版社 2009 年版。

54. 刘云生主编：《中国不动产法研究》（第 5 卷），法律出版社 2010 年版。

55. 刘云生主编：《中国不动产法研究》（第 6 卷），法律出版社 2011 年版。

56. 刘云生主编：《中国不动产法研究》（第 7 卷），法律出版社 2012 年版。

57. 刘云生主编：《中国不动产法研究》（第 8 卷），法律出版社 2013 年版。

58. 楼建波主编：《域外不动产登记制度比较研究》，北京大学出版社 2009 年版。

59. 马栩生：《登记公信力研究》，人民法院出版社 2006 年版。

60. 皮纯协主编：《新土地管理法理论与适用》，中国法制出版社 1999 年版。

61. 戚兆岳：《不动产租赁法律制度研究》，法律出版社 2009 年版。

62. 瞿宝忠、戴昌钧、杨勇刚主编：《信托投资实务》，东方出版中心 1998 年版。

63. 屈茂辉：《用益物权制度研究》，中国方正出版社 2005 年版。

64. 全国人民代表大会常务委员会法制工作委员会民法室编：《物权法立法背景与观点全集》，法律出版社 2007 年版。

65. 史浩明、张鹏：《地役权》，中国法制出版社 2007 年版。

66. 史尚宽：《物权法论》，中国政法大学出版社 2000 年版。

67. （台）苏永钦：《民事立法与公私法的接轨》，北京大学出版社 2005 年版。

68. 孙宪忠主编：《不动产登记条例草案建议稿》，中国社会科学出版社 2014 年版。

69. 孙宪忠：《论物权法》（修订版），法律出版社 2008 年版。

70. 孙宪忠：《德国当代物权法》，法律出版社 1997 年版。

71. 孙宪忠：《争议与思考——物权立法笔记》，中国人民大学出版社 2006 年版。

72. 谭峻：《建筑物区分所有权与不动产登记制度研究》，知识产权出版社 2012 年版。

73. 田士永：《物权行为理论研究——以中国法和德国法中所有权变动的比较为中心》，中国政法大学出版社 2002 年版。

74. 王利明主编：《中国物权法草案建议稿及说明》，中国法制出版社 2001 年版。

75. 王利明：《物权法论》（修订本），中国政法大学出版社 2003 年版。

76. 王胜明主编：《中华人民共和国物权法解读》，中国法制出版社 2007 年版。

77. 王锡锌：《行政程序法理念与制度研究》，中国民主法制出版社 2007 年版。

78. 王旭军：《不动产登记司法审查》，法律出版社 2010 年版。

79. 王轶：《物权变动论》，中国人民大学出版社 2001 年版。

80. 王茵：《不动产物权变动和交易安全：日德法三国物权变动模式的比较研究》，商务印书馆 2004 年版。

81. （台）王泽鉴：《民法物权》，北京大学出版社 2009 年版。

82. （台）王泽鉴：《民法总则》，北京大学出版社 2009 年版。

83. 王宗非主编：《农村土地承包法释义与适用》，人民法院出版社 2002 年版。

84. 吴弘、许淑红、张斌：《不动产信托与证券化法律研究》，上海交通大学出版社 2005 年版。

85. （台）吴明鸿：《土地登记与强制执行之研究》，成文出版社有限公司 1981 年版。

86. 吴谦编：《中华人民共和国物权法注释全书》，法律出版社 2012 年版。

87. 向明：《不动产登记制度研究》，华中师范大学出版社 2011 年版。

88. 肖厚国：《物权变动研究》，法律出版社 2002 年版。

89. （台）谢在全：《民法物权论》，作者印行 2010 年修订 5 版。

90. 许明月、胡光志等：《财产权登记法律制度研究》，中国社会科学出版社 2002 年版。

91. （台）姚瑞光：《民法物权论》，作者印行 1999 年版。

92. 叶金强：《公信力的法律构造》，北京大学出版社 2004 年版。

93. 尹春燕主编：《房地产权属登记》，中国民主法制出版社 2006 年版。

94. 尹田主编：《物权法中海域物权的立法安排——海域物权法律制度学术研讨会论文资料汇编》，法律出版社 2005 年版。

95. 尹田主编：《中国海域物权制度研究》，中国法制出版社 2004 年版。

96. 于海涌：《论不动产登记法》，法律出版社 2007 年版。

97. 于海涌：《法国不动产担保物权研究》（第 2 版），法律出版社 2006 年版。

98. 张冬梅：《物权体系中的林权制度研究》，法律出版社 2012 年版。

99. 中国土地矿产法律事务中心编：《国土资源政策法律研究成果选编》（2013～2014），中国法制出版社 2015 年版。

100. 中国土地矿产法律事务中心、国土资源部土地争议调处事务中心编：《土地登记指南》，中国法制出版社 2009 年版。

101. 中华人民共和国最高人民法院执行工作办公室编：《强制执行指导与参考》（2004 年第 1 集），法律出版社 2004 年版。

102. 周子良：《近代中国所有权制度的形成——以民初大理院的民事判例为中心》（1912～1927 年），法律出版社 2012 年版。

103. 住房和城乡建设部政策法规司、住宅与房地产司、村镇建设办公室编：《房屋登记办法释义》，人民出版社 2008 年版。

104. 中国土地矿产法律事务中心编：《第五届国土资源法治学术研讨会论文集》，2014 年 11 月印。

二、译著

1. ［英］F. H. 劳森、伯纳德·冉得：《英国财产法导论》，曹培译，法律出版社 2009 年版。

2. ［澳大利亚］澳大利亚昆士兰州自然资源与矿产部编：《土地登记手册》（澳大利亚昆士兰州），中国土地勘测规划院译，法律出版社 2006 年版。

3. ［德］奥特马·尧厄尼希：《民事诉讼法》（第 27 版），周翠译，法律出版社 2003 年版。

4. ［德］鲍尔、施蒂尔纳：《德国物权法》，张双根译，法律出版社 2004 年版。

5. ［德］曼弗雷德·沃尔夫：《物权法》，吴越、李大雪译，法律出版社 2002 年版。

6. ［德］汉斯－约阿希姆·穆泽拉克：《德国民事诉讼法基础教程》，周翠译，中国政法大学出版社 2005 年版。

7. ［德］赖因哈德·齐默尔曼：《罗马法、当代法与欧洲法：现今的民法传统》，常鹏翱译，北京大学出版社 2009 年版。

8. ［德］罗伯特·霍恩、海因·科茨、汉斯·G. 莱塞：《德国民商法导论》，楚建译，中国大百科全书出版社 1996 年版。

9. ［美］罗杰·H. 伯恩哈特、安·M. 伯克哈特：《不动产》，钟书峰译，法律出版社 2005 年版。

10. ［日］近江幸治：《民法讲义 II：物权法》，王茵译，北京大学出版社 2006 年版。

11. ［日］近江幸治：《担保物权法》，祝娅等译，法律出版社 2000 年版。

12. ［德］卡尔·拉伦茨：《德国民法通论》，王晓晔等译，法律出版社 2013 年版。

13. ［日］铃木禄弥：《物权的变动与对抗》，渠涛译，社会科学文献出版社 1999 年版。

14. ［日］田山辉明：《物权法》（增订本），陆庆胜译，法律出版社 2001 年版。

15. ［日］我妻荣：《新订民法总则》，于敏译，中国法制出版社 2008 年版。

16. ［日］我妻荣：《新订物权法》，［日］有泉亨补订，罗丽译，中国法制出版社 2008 年版。

17. ［日］我妻荣：《日本物权法》，［日］有泉亨修订，（台）李宜芬校订，五南图书出版股份有限公司 1999 年版。

18. ［美］约翰·G. 斯普兰克林：《美国财产法精解》，钱书峰译，北京大学出版社 2009 年版。

三、论文

1. 曹伊清："房地产统一登记的若干问题——从《不动产登记暂行条例（征求意见稿）》说起"，载《中国房地产》2014 年第 21 期。

2. 常鹏翱："不动产登记簿的制度建构"，载《法律科学》2009 年第 5 期。

3. 程啸："不动产登记簿之研究"，载《清华法学》2007 年第 4 期。

4. 程啸、孙东育："不动产登记应当遵循自愿的原则"，载《中国房地产》2014 年第 21 期。

5. 崔艳蕾、田韶华："论不动产登记机关错误登记的赔偿责任"，载《法制与社会》2008 年第 9 期。

6. 高洪宾："我国不动产登记制度的弊端及完善"，载《法律适用》2002 年第 12 期。

7. 季峰、徐松红、王云云："瑞士不动产登记的法律构架和实务操作（上）"，载《中国房地产》2014 年第 17 期。

8. 季峰、徐松红、王云云："瑞士不动产登记的法律构架和实务操作（下）"，载《中国房地产》2014 年第 19 期。

9. 赖俊峰："试析不动产登记档案信息查询主体界定"，载《北京档案》2014 年第 10 期。

10. 马建宇、耿明斋、曹青："对不动产登记及征税的思考和建议"，载《宏观经济管理》2014 年第 11 期。

11. 马特："不动产登记条例争议问题探讨"，载《理论与改革》2014 年第 4 期。

12. 任晓亮："浅析不动产登记的附加功能"，载《华北国土资源》2014 年第 5 期。

13. 王伟伟："德国不动产登记制度的启示"，载《国土资源》2014 年第 2 期。

14. 吴一鸣："论美国不动产登记之公信力"，载《交大法学》2014 年第 1 期。

15. 于清林："论我国不动产登记的审查模式"，载《法制与社会》2014 年第 14 期。

16. 朱文军："新信托投资理财新渠道"，载《山西日报》2002 年 9 月 27 日第 4 版。

17. 朱岩："形式审查抑或实质审查——论不动产登记机关的审查义务"，载《法学杂志》2006 年第 6 期。

四、外文文献（以字母排序）

1. Barzel, Y. , *Economic Analysis of Property Rights*, The University of Cambridge Press, 1997.

2. Bruce Anderson, *The case for Re - Investigating The Process Discovery*, Ox-

ford, Blackwell Publisher, 1995.

3. Burke, Barlow, *Real Estate Transactions*, Aspen Law & Business, 1999.

4. Cass R. Sunstein, *ONE CASE AT A TIME*: *Judicial Minimalism on the Supreme Court*, Harvard University Press, 1999.

5. Clyde, Denis J. Edwards, *Judicial Review*, Edinbugh W. Green, 2000.

6. Harms Peter Nehl, *Principles of Administrative Procedure in EC Law*, Oxford, Hart Publishing, 1999.

7. Kenny Philiph, *Property Law*, London Butterworths, 1994.

8. Richard Gordon QC, Tim Ward, *Judicial Review and the Humanrights Act*, Cavendish Publishing Limited, 2000.

9. Robert J. Hopperton, *Standards of Judicial Review in the Supereme Court Land Use Opinions*, Austin & Winfield, Pubishers, 1999.

10. United States V. Lopez, 514 U. S. 549, 604. 1995.

跋

　　能够师从李显冬教授从事博士后研究，之前我根本没敢想过。最初对李老师的了解还要从十几年前中央电视台的《今日说法》说起。李老师是该栏目的座上宾，总能将佶屈聱牙的法律理论用通俗易懂的百姓语言娓娓道来。这么多年来，李老师一直坚持宣传法律、解释法律、传播法律，让法律真正走入寻常百姓家。第一次见李老师是2014年的四月。最深刻的印象是老师苍老了许多，比想象中要消瘦很多。老师很是慷慨，将出的新书《溯本求源集》送我，我如获至宝。后来在与老师更多的接触中，并没有感觉到太多的师道尊严。老师总是那么平易近人，遇到任何问题总是和学生商量。老师的知识极其渊博，几乎任何一个话题都能侃侃而谈。李老师后来解释说这些很多都是常年在江平教授身边耳濡目染的结果。那时我才知道李老师已师从江平教授三十余年，且一直伴随江老师左右。

　　第一次见江平教授是2014年4月30日一起参加中国矿联高级资政会议。李老师和我一起到家里接江老师，看江老师拿着包，我想帮他拿，他说不用，坚持要自己拿。会上江老师依然思维敏捷，依然高屋建瓴，依然在为权利而呐喊。江老师说，私权是没有禁止就是合法的，而公权是没有授权就是非法的。开完一天的会，我们送江老师回家。因为台阶较高，江老师腿不好，且已近85岁高龄，我们想送江老师到家门口，可他特别倔强，坚决不肯，硬生生地把院子的大门给关上，说你们走吧，我能行。我们在外面远远地看着，还有点担心。等江老师上了台阶，走进电梯间，我们才离去。路上李老师说，江老师早年在苏联留学，平等思想深入骨髓。虽是点滴之间，我真正地领略了大家的风范。

　　2014 年李显冬教授又牵头做了国土资源部的两个课题，我也有幸参与其中，从而获得了难得的了解实务部门工作的机会。国家不动产登记局设在国土资源部。《不动产登记暂行条例》涉及千家万户的利益，在立法之初就举国关注。统一登记是一个新问题、新领域，是不动产物权登记的革命性变化。不动产登记还涉及社会治理体制改革和公民隐私权保护问题，牵一发而动全身。一些问题学界有争论，实务部门有讨论，民众也有很多疑问。李老师和我也萌生了一个想法，写一本关于条例释疑的书。一方面对不动产统一登记中的问题进行学术梳理，提出解决问题的办法，以求教于大方；另一方面在保有学术意味的同时，力求通俗易懂、贴近百姓，努力答疑解惑，让没有太多专业法学背景的大众认识不动产统一登记制度，熟悉登记所需材料，了解登记具体流程。

　　由简入繁易，由繁入简难。习惯了引经据典、理论剖析、中西比较的写法，要想深入浅出、化繁为简，还真是有些困难。一个星期六的晚上，正在写作焦灼的时候，在图书馆碰到前来借书的李显冬教授及师母高海玲老师，他们的鼓励和指引让我茅塞顿开，顿觉柳暗花明又一村。李老师百忙之中审定了全部书稿，为本书倾尽了心力。国土资源部不动产登记中心的专家们对本书的写作提出了很多宝贵的建议。法大出版社的刘利虎主任对本书的策划费尽了心思。法大民商经济法学院的李娟副教授一直鼓励支持着我。大成所的同事们也不断地出些好主意。与刘志强、苏继成、金丽娜、郭东妹、王胜龙、谢涛、倪淑颖、申艳红等法大同门间的讨论帮我解决了很多问题。全体家人这么多年一直默默支持着我，给予我的太多了，但不求索取、只讲奉献，始终无怨无悔，你们期待的眼神一直是我勇往直前最重要的精神力量。在此我一并感谢！

　　不动产统一登记的重大意义远不止于方便登记、维护交易、稳定房价、重拳治腐、推进房产税制改革，它对于我国物权制度的改革、宏观调控政策的制定、民众经济生活的变化、社会法律意识的转型、整个社会透明度的提高等等，都将产生更加深远的影响。随着不动产统一登记制度逐步推向深入，这些影响将在不远的将来渐趋显现。

不动产统一登记的研究还刚刚开始，本书不免有一些错讹，敬请亲爱的读者批评。

王　峰

2014 年 12 月 27 日

于蓟门桥中国政法大学研究生院